Les Éditions du Boréal
4447, rue Saint-Denis
Montréal (Québec) H2J 2L2
www.editionsboreal.qc.ca

Voyage à l'intérieur
des petites nations

DU MÊME AUTEUR

Les Années temporaires, poésies, Les Écrits des Forges, Trois-Rivières, 2002.

Carnets d'Amérique, Boréal, coll. « Papiers collés », Montréal, 2005.

Christian Rioux

Voyage à l'intérieur des petites nations

Boréal

Les Éditions du Boréal remercient le Conseil des Arts du Canada ainsi que le ministère du Patrimoine canadien et la SODEC pour leur soutien financier.

Photo de la couverture : La Presse canadienne

© 2000 Les Éditions du Boréal
Dépôt légal : 1er trimestre 2000
Bibliothèque nationale du Québec

Diffusion au Canada : Dimedia
Diffusion et distribution en Europe : Volumen

Données de catalogage avant publication (Canada)
Rioux, Christian, 1955-

    Voyage à l'intérieur des petites nations
    Comprend des réf. bibliogr.
    ISBN 2-7646-0009-7

    1. Nation. 2. Autonomie. 3. Caractéristiques nationales. 4. Nationalisme. 5. Droit des peuples à disposer d'eux-mêmes. 6. Québec (Province) – Histoire – Autonomie et mouvements indépendantistes. I. Titre.

JC311.R56   2000   320.54   C99-941828-9

À Magali, ma seule appartenance

*Le voyageur parfait
ne sait pas où il va.*

L<small>AO</small> T<small>SEU</small>

Introduction

Je suis avant tout un regardeur.

Guy de Maupassant

J'arrivais de Trieste et j'étais nu comme un ver. Nu comme on l'est lorsqu'on s'est fait voler dans la nuit son portefeuille, 500 dollars et toutes ses cartes de crédit. Il ne me restait qu'un vieux 10 francs qui traînait au fond de mes poches et mon passeport que le préposé aux couchettes avait eu la bonne idée de me confisquer pour le passage de la frontière italo-suisse vers quatre heures du matin.

Les *carabinieri* de la petite gare de Trieste m'avaient conseillé de poursuivre ma route vers une destination où j'aurais plus de chance de trouver de l'aide. Je n'avais donc rien, mais vraiment rien à déclarer en franchissant le poste-frontière des Alpes juliennes où les douaniers pressés de vaquer à des occupations plus urgentes me regardaient d'un œil nonchalant.

Parti de Montréal, séjournant à Paris, j'avais choisi de commencer ce voyage au cœur des petites nations européennes par Ljubljana, à deux pas de la Bosnie en feu. La capitale de la Slovénie nouvellement indépendante était alors ce qui évoquait le mieux, pour moi, le milieu de nulle part. C'était en 1993. Pendant qu'on s'étripait allègrement sur leur frontière orientale, j'avais été étonné par la détermination des Slovènes à suivre leur chemin et à le faire en paix, loin des haines ethniques qui ont culminé dans les guerres de la Bosnie et du Kosovo. Le voyage m'a depuis conduit aux quatre coins de ces petits « pays » qui n'en sont pas tous vraiment, mais qui ont fait irruption sur la scène de l'histoire au moment même où la mondialisation et le libre-échange s'emparaient des marchés pour faire tomber les anciennes barrières du commerce. J'ai donc poursuivi mon périple, de la Slovaquie à l'Écosse, en passant par la Catalogne et le Pays basque, convaincu comme Nicolas Bouvier que « fainéanter dans un monde neuf est la plus absorbante des occupations[1] ».

Il y a ceux qui voyagent pour découvrir des paysages. Quand ils viennent de Brooklyn ou des hauteurs de Mexico, on les comprend. Mais venant du Québec, j'ai vite été gorgé de ces décors qui nous font nous sentir si petits devant la majesté des arbres, des lacs et des montagnes. Les peuples issus de grands espaces sont silencieux. La nature leur impose sa loi. Ils se recueillent devant les monts grandioses comme devant un autel, au-dessus des précipices comme sur un catafalque, dans la forêt comme au milieu d'un temple. J'avais le goût de parler et peut-être encore

---

1. Nicolas Bouvier, *L'Usage du monde*, Paris, Petite Bibliothèque Payot, coll. « Voyageurs », n° 100, 1992, p. 16.

plus d'entendre. J'ai donc fui les paysages majestueux qui me font peur.

Il y a ceux qui voyagent pour se retrouver. Les fanatiques du pèlerinage existentiel. Les « accros » de la vieille pierre. Les piqués du rigodon originel qui ont le cordon ombilical à vif à cœur d'année. Sitôt quitté leur nid douillet, ils se mettent en quête de leurs ancêtres. Le voyage est pour eux une métaphore. Une façon de remonter le temps. Ils partent essentiellement pour revenir. Un grand ménage dans le grenier ou la cave de la maison paternelle aurait eu le même effet. Leur voyage est moins un changement de décor qu'une quête. Je n'ai aucun goût pour les ancêtres. Si je respecte les vieilles pierres, elles finissent par me lasser.

Il y a enfin ceux qui voyagent pour rencontrer « l'homme ». Pas au pluriel, au singulier ! Celui qui ne se découvre jamais, mais que l'on peut peut-être entrevoir dans un bar du Nevada tard le soir après des kilomètres de poussière brûlante ou sur un quai de gare à Bratislava au point du jour, quand la machine des départs s'arrête enfin.

« L'homme ? Je ne l'ai encore jamais rencontré ! » m'a pourtant dit humblement un vieux sage de quatre-vingt-dix ans croisé en chemin. Il reprenait une phrase célèbre et en prononçait les mots avec cette naïveté déconcertante qui est peut-être la marque des vrais esprits. Il s'appelait Claude Lévi-Strauss. Le père de l'ethnologie moderne avait eu la gentillesse de me recevoir dans le petit musée qui lui tient lieu d'appartement dans le XVIe arrondissement parisien. Fatigué de mes questions, il ne voulait pas me mettre à la porte avant de m'avoir livré un secret. « Une langue, disait-il, c'est un monument qui est aussi, sinon plus respectable qu'un monument de pierre. Chaque culture représente un capital de richesse humaine considérable. Chaque peuple a un capital de croyances et d'institutions qui représente dans l'ensemble de l'humanité une expérience irremplaçable. » Le vieil homme disait cela comme un petit enfant contemple un cornet de crème glacée. Il n'avait que cela et tout cela à dire. J'ai gardé la cassette.

À « l'Homme » avec un grand « H », l'insatiable voyageur que j'avais devant moi osait préférer les Slovènes, les Québécois ou les Nambikwara (du centre du Brésil). À l'Homme des philosophes, au citoyen des juristes, à l'être des psychanalystes et au consommateur du village global, il osait opposer des personnages en chair et en os.

Et le vieux sage d'ajouter : « Alors que l'humanité se sent menacée d'uniformisation et de monotonie, elle reprend conscience de l'importance des valeurs différentielles. Nous devrions renoncer complètement à chercher à comprendre ce qu'est l'homme si nous ne reconnaissions pas que des centaines, des milliers de peuples ont inventé des façons originales et différentes d'être humain. Chacune nous apporte une expérience de la condition d'homme différente de la nôtre. Si nous n'essayons pas de la comprendre, nous ne pouvons pas nous comprendre. »

J'ai compris ce jour-là pourquoi je voyageais. Le voyage est affaire de musique plus que de mots. Voilà dans le fond pourquoi j'ai entrepris celui-ci. Comme un parcours initiatique au cœur de quelques petits peuples qui ont décidé, pour clore le siècle, de mettre un peu de hip-hop et de techno dans le concerto des grandes puissances.

* * *

Pour en savoir plus, il fallut me rendre dans le petit village de Zalduondo, au cœur du Pays basque. Perdu dans une grande plaine entourée de sept montagnes, parmi les cultivateurs de pommes de terre de ce sol ingrat, l'écrivain basque Bernardo Atxaga soutenait avec toute la fierté dont il est capable qu'il lui était plus facile de rayonner sur le monde de ce coin perdu. « Les petites nations sont comme des volcans qui font éruption partout », m'expliquait-il. Quoi de neuf ? direz-vous. Les nations n'ont-elles pas mis le siècle à feu et à sang ? Les guerres qu'elles se sont menées n'ont-elles pas charcuté le globe ? Rien de nouveau sous le soleil, sinon peut-être que des forces que nous croyions endormies, disparues, voire dépassées, sont de nouveau en mouvement. Pour le meilleur et pour le pire.

Après l'horreur de 1945, certains n'avaient-ils pas imaginé un monde sans aspérités où tous parleraient la même langue, où chacun réchaufferait le même TV-Dinner dans le même four à micro-ondes, en écoutant le même *soap* télévisé ? La désolation valait mieux que l'horreur. Que ce soit dans un bungalow de Poughkeepsie ou un HLM de Pristina ne changeait rien à l'affaire. Quelques architectes disjonctés, de Paris comme de Bucarest, avaient même rêvé de remplacer les centres-villes puants par des alignements de buildings. Certains l'ont fait. L'histoire n'en a pas voulu. Et c'est tant mieux.

Sitôt dégelé le glacier soviétique, sitôt dissoute la chape de plomb, de petits peuples au nom imprononçable — et que seuls les ethnologues savaient encore situer sur une carte — se sont réveillés. Les revoilà au-devant de la scène politique. Face aux problèmes et aux violences que suscitent les rapports entre ces nouvelles entités, on oublie souvent que sans elles, sans l'attachement féroce des peuples de l'Est à leur langue, à leur culture, à leur religion parfois, la glace serait toujours là. Les forces qui ont mis à feu la Bosnie sont les mêmes qui ont jeté à bas soixante-quinze ans de communisme. Nulle part en effet la férule soviétique n'a trouvé d'opposants plus déterminés que dans ces nationalités polonaise, tchèque ou slovène qui refusaient l'homogénéisation. Cette nation prétendument moyenâgeuse (mais qui n'a pas trois siècles!), vouée à disparaître dans le tourbillon de la modernité, aura été en définitive un garde-fou essentiel.

À l'Ouest, les choses étaient certes différentes. Mais le grand « M » de McDonald's ne devait-il pas lui aussi tout harmoniser ? La grande autoroute médiatique annonçait la fin des particularismes et des sabirs nationaux. Un de mes confrères de retour d'un reportage à Stockholm me confiait un jour qu'il souhaitait pouvoir retrouver le même hôtel, le même restaurant, la même langue et la même monnaie de Singapour à Marrakech. Pourquoi pas les mêmes femmes et les mêmes enfants ? Bref, les mêmes clones. J'avais le goût de me jeter par la vitre du taxi pendant que nous filions vers le centre-ville de Montréal. La paix et la démocratie ne changent rien à l'affaire. À l'Ouest aussi on a rêvé du grand tout uniforme, du supermarché multiethnique tant vanté au Canada où les cultures s'achèteraient au kilo comme les sushis de Provigo. Certains y rêvent encore.

Non, la politique de la table rase n'y a rien fait. La bête ne se laisse pas dompter.

Bien sûr, ce « plébiscite de tous les jours », dont parlait Renan[2], est tantôt une prison, tantôt une libération. Tout est question de degré, de lieu, d'époque, d'angle de vue et de perception. La nation libératrice de papa devient vite la prison de fiston. Et vice versa. Tout dépend du lieu d'où l'on vient et de celui où l'on va. Le choix n'est jamais donné une fois pour toutes ; il est toujours question d'analyse. On le verra dans les textes qui suivent.

---

2. Ernest Renan, *Qu'est-ce qu'une nation ?*, Presses Pocket, 1992, p. 55.

C'est vrai pour les Écossais, qui jouissent depuis toujours de la reconnaissance nationale et qui viennent d'arracher à la Grande-Bretagne, après cinquante ans d'acharnement, l'une des plus grandes réformes constitutionnelles de cette décennie. C'est vrai pour les Catalans, ces banquiers de l'Espagne qui font tomber à leur guise les gouvernements de Madrid et sont en voie de faire renaître de ses cendres une langue interdite pendant quarante ans de franquisme. C'est vrai pour les Slovènes, petit peuple laborieux proche des Autrichiens qui a trouvé dans le maelström yougoslave l'occasion de se sauver en douce des boucheries bosniaque et kosovare. C'est vrai pour les Basques et les Irlandais, qui mettront encore des années à désapprendre le langage des armes et à découvrir celui que pratiquent les Québécois depuis toujours. C'est vrai, enfin, pour les Slovaques, qui, après avoir donné au monde l'un des rares exemples de séparation à l'amiable, ne pourront faire autrement que de réintégrer la communauté démocratique européenne après plusieurs années de délire xénophobe.

Qu'ont tous ces peuples en commun ?

À peu près rien, sinon qu'ils apprennent à survivre et à vivre dans le respect des règles démocratiques. Ils ont à leur façon tiré les leçons du siècle. « Nations ethniques » parfois millénaires, définies par une langue, des coutumes, une religion, la plupart tendent à fonder leur existence nationale dans un cadre démocratique moderne, indépendant ou pas. Certains — comme les Navajos du Nouveau-Mexique, seul exemple américain de ce livre — n'en sont qu'aux balbutiements et persistent à se définir sur des bases ethniques. D'autres, comme les Écossais et les Catalans, ont choisi à l'exemple des Québécois d'appuyer leur appartenance sur une définition ouverte et démocratique de la nation, ce qu'on appelle la « nation civique ». Entre les deux persiste toute une série de conceptions intermédiaires en pleine évolution. Pour les uns, la langue est le critère fondamental ; pour les autres, c'est un certain fonds culturel ; pour quelques-uns encore, l'héritage religieux ou ce qui en tient lieu. D'autres aussi se réclament de plusieurs identités.

Mais il y a plus fondamental. Sans se fondre dans le magma universel — la plupart du temps nord-américain —, tous ces peuples poursuivent par des voies pacifiques un débat qui aurait fait tonner les canons il n'y a pas si longtemps. Ce n'est pas rien. C'est même un fait qu'il faudra un jour inscrire quelque part en rouge dans le calendrier de l'histoire. Au lieu de tout amalgamer comme on le fait si souvent dès qu'il est question de revendications nationales, j'ai choisi de m'intéresser à ces peuples qui cherchent leur autonomie dans le difficile exercice démocratique. Il serait trop facile de tracer des parallèles superficiels entre des peuples aux traditions culturelles et démocratiques radicalement différentes. Ces comparaisons à deux sous, reprises pourtant sur toutes les tribunes, permettent le plus souvent d'éviter carrément de considérer la nation comme l'une des grandes questions démocratiques de notre époque en la reléguant au musée des guerres tribales.

J'oserai pourtant à mon tour une comparaison facile. La nation est comme la sexualité : elle peut être la source des plus grands bonheurs comme des drames les plus sordides. Mais, dans tous les cas, ce n'est pas en la considérant comme une question dépassée et un simple besoin primaire qu'on en saisit le rôle et la place éminemment complexes dans les sociétés modernes. Ce n'est pas en nous cachant derrière la peur du nationalisme comme derrière une feuille de vigne que nous comprendrons quelque chose à notre époque.

En Écosse, en Catalogne, en Slovénie, j'ai essayé d'écouter les voix complexes de ces petites nations démocratiques que Jean Daniel, directeur du *Nouvel Observateur*, appelle « le noyau dur, irréductible, d'une forme de civilisation qui refuse de disparaître ». Ont-elles la nostalgie des siècles passés ? Certaines, sans aucun doute. Mais, la plupart du temps, j'ai trouvé au contraire, aux quatre coins de l'Europe, l'expression d'une modernité à faire pâlir les égéries françaises ou américaines de la postmodernité.

C'est que les Écossais, les Slovènes, les Basques et même les Navajos du Nouveau-Mexique ont un grand avantage sur tous les autres : ils savent qu'ils ne sont qu'un pion sur l'échiquier de l'histoire. Quand on se sait mortel, on se remue le cul, a dit un autre sage dont j'ai oublié le nom.

Est-ce pour cela que, de Bilbao à Window Rock, j'ai souvent découvert une étonnante vitalité ? Dans les restaurants de Ljubljana, dans les pubs de Glasgow, dans les galeries de Barcelone, grouille une jeunesse qui parle trois ou quatre langues, qui manie l'alphabet de la finance comme celui de la culture, qui est chez elle aussi bien à Paris qu'à New York. Comme Bernardo Atxaga, je ne me suis jamais senti plus au cœur de l'univers que dans ces petits « pays » excentrés, entièrement tournés vers l'extérieur et qui cherchent par tous les moyens à se projeter dans le monde. Est-ce un hasard si Barcelone et Édimbourg sont devenues des capitales culturelles de l'Europe entière ? Est-ce un hasard si le nouveau musée Guggenheim, la fleur de titane de Frank Gehry, s'élève aujourd'hui au centre de Bilbao ? Est-ce un hasard si ces petites nations jalousement autonomistes sont les premières à parler de libre-échange, de monnaie unique, de marché commun, de construction européenne et de partage des souverainetés ? La petitesse a ceci de bon qu'elle oblige à en sortir.

Chez tous ces « petits » peuples, j'ai surtout rencontré

des amis. Des gens à qui il n'est pas besoin de longs discours pour expliquer ce déchirement éminemment contemporain entre le cosmopolitisme et l'attachement à des valeurs culturelles propres. Chez eux, j'ai aussi rencontré le véritable métissage qui n'est trop souvent qu'un slogan lorsqu'on appartient à une culture dominante, que ce soit à Washington, à Toronto ou à Paris. J'ai finalement découvert l'expression la plus vive et la plus contemporaine du drame de ce nomade qu'est en train de devenir l'homme moderne, pour le meilleur et pour le pire.

* * *

Ces textes, publiés pour la plupart dans le quotidien *Le Devoir*, mais aussi dans le magazine *L'actualité*, ne cherchent pas à proposer de solutions. La raison en est simple : les solutions n'existent pas hors du contexte précis de chacun ! Les Québécois, qui vivent dans un paysage radicalement différent de celui où évoluent tous ces peuples croisés au détour d'un voyage, ne sauraient suivre le chemin des Catalans ni celui des Écossais. Pour ces derniers, l'histoire ne peut non plus se conjuguer à la manière slovène ou basque. C'est peut-être la grande leçon de ce voyage, même si pour tous mes interlocuteurs le Québec est apparu comme une inspiration, un laboratoire de pointe, pour démêler l'écheveau complexe de la nation et de la démocratie. Ce livre ne servirait-il qu'à combattre un peu l'« ignorance » dont parlait l'écrivain Milan Kundera[3] à

---

3. Milan Kundera, « Il faut sauver la Slovénie », *Le Monde*, 4 juillet 1991, p. 4.

propos des petites nations et que j'ai si souvent rencontrée sur ces questions que ce serait déjà beaucoup. Malgré les corrections et leur mise en forme, ces textes (dont plusieurs sont inédits ou ont été considérablement augmentés) portent inévitablement la marque de l'actualité, puisqu'ils furent réalisés à l'occasion d'une élection, d'un référendum ou d'un simple voyage. C'est à la fois leur défaut et leur qualité. Textes éphémères, ils veulent faire entendre la musique de ces petits peuples qui refusent obstinément de l'être.

Catalogne

L'obsession de la langue

Place Sant Jaume, au cœur du vieux Barcelone, les policiers ont tendu des cordons de sécurité ; ils ont déroulé le tapis rouge, posté des gardes aux endroits stratégiques et tenu la foule à distance. En ce samedi ensoleillé, le secrétaire général de l'ONU rend visite à Jordi Pujol, le président du gouvernement autonome de Catalogne, la Generalitat. Hier, c'était Boris Eltsine qui s'empressait de serrer la main du leader incontesté des nationalistes catalans. Václav Havel, Yitzhak Shamir, Jacques Chirac, pas un grand de ce monde n'atterrit en Espagne sans faire un détour par Barcelone pour saluer ce petit homme énergique qui règne sur un « pays » de six millions d'habitants coincé entre les Pyrénées et la Méditerranée.

C'est le René Lévesque catalan, m'avait-on dit. Avec son crâne dégarni et son mètre soixante-deux de hauteur, Jordi Pujol n'a pas que des ressemblances physiques avec l'ancien premier ministre québécois. Il domine le nationalisme catalan depuis vingt ans et a présidé, en 1980, le premier gouvernement autonome après quarante ans de dictature franquiste. Avec les compétences restreintes que lui confère la jeune constitution espagnole, il mène depuis vingt ans une politique de « normalisation linguistique » à tous crins, destinée à faire du catalan (interdit sous le Caudillo) la langue principale du pays.

Il faut dire que, depuis les élections générales de 1993 et de 1998, personne ne peut plus l'ignorer. Son parti, Convergencia i Unio, détient à Madrid la « balance du pouvoir » et peut faire tomber le gouvernement à tout moment. Une menace que Pujol n'a pas craint d'utiliser malgré les hauts cris de Madrid pour rapatrier 30 % des impôts de Catalogne.

« La Catalogne est un pays ! » répète inlassablement Jordi Pujol sous les somptueux plafonds lambrissés et les dentelles de pierre du siège de la Generalitat. Comme Lévesque, l'homme incarne son peuple jusque dans sa façon de bouger et de s'exprimer. Mais contrairement au premier qui semblait s'excuser d'exister, le second affiche l'assurance sereine que confère probablement l'Histoire.

C'est dans ce palais gothique flamboyant qu'est née au XVe siècle la Diputacio del general, le premier gouvernement catalan, dit-il. À cette époque se consolidèrent la langue, la culture et la conscience historique catalanes, bases de la nation. « La Catalogne fut pratiquement indépendante pendant plus de quatre siècles. Après le XVe siècle, nous sommes tombés dans une grande décadence qui aurait pu entraîner notre disparition. À la fin du XVIIe et au XVIIIe commença une nouvelle période dominée par le rattrapage économique. Contrairement à l'Espagne, la Catalogne fut, avec la Lombardie, la seule région du sud de l'Europe à connaître la révolution industrielle, qui a permis de sauver tout ce qui était en déclin et presque moribond : la langue, la culture, etc. »

Pujol peut disserter pendant des heures de Gaudí, de Miró, de la renaissance artistique du XIXe siècle ou de l'influence wisigothique. « Lui seul sait parler aux Catalans avec leurs mots », dit Josep Gisbert, directeur des pages politiques du grand quotidien catalan *La Vanguardia*. Lors des Jeux olympiques de Barcelone, en 1992, il avait provoqué la colère de Madrid en réussissant à imposer le catalan comme langue officielle et en faisant hisser partout le pavillon sang et or de la Catalogne, la *senyera*. Pour couronner le tout, juste avant l'ouverture, il avait acheté une page dans les plus grands quotidiens européens, où la Catalogne était ainsi décrite : « un pays en Espagne, avec une culture, une langue et une identité propres ».

La Catalogne n'exerce pourtant pas le quart des compétences dévolues à une province canadienne ou à un land allemand. Il est clair, pour Pujol, que son statut actuel au sein de l'Espagne est « transitoire ». Son objectif, à terme, c'est de placer toute l'administration étatique sous contrôle catalan, alors que Madrid pourrait continuer à légiférer dans ses champs de compétences qui vont des grandes questions économiques à la justice, en passant par la police, une grande partie des affaires sociales et de la culture.

« Nous avons obtenu l'autonomie. Mais il est aussi vrai que ce statut, et surtout la façon dont il est appliqué aujourd'hui, est très restrictif et insuffisant au regard de nos ambitions. Nous avons besoin de nombreuses compétences supplémentaires : en matière de police, d'agriculture, de justice, de tourisme, d'aménagement du territoire. Mais surtout, nous ne voulons plus que nos signes d'identité soient régulièrement remis en question par Madrid et exposés à ses volte-face. »

Il y a quelques années, la loi de la « normalisation linguistique » a été contestée devant le tribunal constitutionnel de Madrid par un groupe de citoyens qui refusaient d'envoyer leurs enfants à l'école catalane et réclamaient des classes en castillan (espagnol). Cette loi, en partie inspirée de la loi 101 du Québec, est au cœur du nationalisme catalan et représente la réalisation dont Pujol est le plus fier.

Ce n'est d'ailleurs pas le seul domaine où les Catalans s'inspirent du Québec. Des délégations ont rencontré la Sûreté du Québec afin de préparer l'avènement, un jour, d'une véritable police catalane. La loi destinée à imposer le doublage en catalan des grandes productions hollywoodiennes est aussi largement influencée par les lois québécoises.

Car certains soirs, le leader nationaliste se prend à rêver que la Catalogne déménage au nord du 42e parallèle. Il se voit à la tête de la onzième province canadienne avec sa police, ses tribunaux et ses délégations à travers le monde. Jordi Pujol serait donc fédéraliste? Pas pour deux sous!

« Nous ne sommes pas fédéralistes! L'Espagne est un pays plurinational qui comprend les nations catalane, castillane (espagnole), basque et galicienne. Quand on nous parle de fédéralisme, c'est toujours d'un fédéralisme qui n'est pas pensé pour nous, mais pour les régions espagnoles qui n'ont pas vocation à revendiquer l'autonomie. Chaque fois qu'on parle de fédéralisme en Espagne, c'est sur la base des 17 communautés autonomes qui existent actuellement. Le fédéralisme aurait donc pour conséquence de ramener les Catalans et les Basques au niveau le plus bas, celui de régions comme l'Aragon ou la Valence qui n'ont pas de culture, de langue et de conscience nationale propres. C'est une dilution. Vous devez comprendre ça, vous qui revendiquez un fédéralisme dans lequel la personnalité propre, distincte, du Québec soit reconnue. Vous

ne voulez pas être considérés sur le même pied que la Saskatchewan ou la Colombie-Britannique. Vous êtes autre chose. Nous aussi. Si on nous proposait une fédération sur la base des quatre nations d'Espagne, alors nous serions fédéralistes!»
Cette théorie du fédéralisme symétrique, les analystes catalans l'ont baptisée *El cafe para todos* (le café pour tous). «On nous dit qu'il faut offrir le même café à tout le monde, explique Pujol. Résultat: la spécificité catalane se retrouve noyée parmi un ensemble de régions qui n'ont aucun intérêt à assumer les mêmes compétences que nous.»

Fer pais

Non, Jordi Pujol n'est pas diplômé de droit constitutionnel de l'Université Laval! Il a plutôt fait ses études au Collège allemand de Barcelone et parle six langues couramment. Ce qui ne l'empêche pas de se consacrer à la Catalogne avec une ferveur mystique depuis sa jeunesse. Fils d'un militant d'Esquerra Republicana (le parti indépendantiste qui recueille moins de 10 % des suffrages), il milite dans les jeunesses étudiantes catholiques antifranquistes. Diplômé de médecine, il préfère parcourir la Catalogne dans sa Seat pour *fer pais* (bâtir la patrie). C'est durant cette période qu'il fonde la Banca Catalana, une propriété familiale, afin de consolider la force financière d'une région pourtant déjà la plus prospère d'Espagne, et collabore à la publication de la *Grande Encyclopédie catalane*.

Pujol est aujourd'hui l'un des rares politiciens espagnols à avoir connu les geôles de Franco. Le chef nationaliste a été emprisonné pour avoir chanté un hymne catalan devant le généralissime! Il fut plus tard un acteur non négligeable de la transition démocratique espagnole qui fait aujourd'hui l'admiration des jeunes démocraties d'Europe de l'Est. Commençait alors pour lui une nouvelle période, *fer politica*, durant laquelle il négocia avec Madrid la décentralisation de plusieurs compétences en matière de culture, d'éducation, etc. En 1978, le parlement catalan, restauré par décret royal l'année précédente, adoptait un projet de statut d'autonomie de la Catalogne le jour même de l'entrée en vigueur de la nouvelle constitution espagnole, le 29 décembre. L'année suivante un référendum ratifia le nouveau statut de la Catalogne au sein de l'Espagne. Dans la nuit du 23 février 1982, lorsque le lieutenant-colonel Antonio Tejero et 200 gardes civils envahirent les Cortes pour tenter de restaurer *in extremis* l'ancien régime par un putsch militaire, Pujol se rangea du côté du roi Juan Carlos et de la démocratie.

Une heure avant mon arrivée au palais de la Generalitat, il y avait eu un appel à la bombe. « Ne vous inquiétez pas, avait dit l'attaché de presse, les Catalans ne sont pas des gens violents. » Contrairement au nationalisme basque, et grâce en partie à Jordi Pujol, le nationalisme catalan s'est toujours exprimé au moyen des urnes. La petite organisation terroriste catalane Terra Lliure a d'ailleurs annoncé son ralliement à la voie démocratique en 1991.

« Notre nationalisme est un nationalisme modéré. Ce que nous exigeons, c'est que la structure de l'État espagnol soit conçue de façon qu'une nation comme la nôtre puisse non seulement être reconnue, mais se développer pleinement, du point de vue linguistique, culturel, institutionnel, économique et de la conscience politique. »

Nation moderne et cosmopolite, les Catalans sont fiers d'être le premier centre économique et culturel d'Espagne.

Mais ils rechignent de plus en plus à fournir à la caisse des régions les plus pauvres. « Sur 100 pesetas que nous donnons au gouvernement central, nous n'en recevons en retour que 70. Nous ne sommes pas contre la péréquation, mais croyons que cet argent est souvent mal utilisé. On s'en sert pour augmenter la consommation, mais pas la richesse. »

Quand Pujol ne joue pas la carte de l'autonomie, il n'hésite pas à sortir celle de l'Europe. Il faut dire que l'Union européenne absorbe 70 % des exportations catalanes. La France et l'Allemagne sont en tête. Le jour de l'entrée de l'Espagne dans l'Union, en 1985, cet Européen dans l'âme prononça un discours — en allemand, s'il vous plaît ! — dans le salon d'honneur de la mairie d'Aix-la-Chapelle, l'ancienne capitale de Charlemagne. « Je viens de loin, disait-il, des confins de l'empire. Je viens de la Catalogne, un pays situé en Espagne entre les Pyrénées et la Méditerranée... »

Et comme en Catalogne tout commence et finit par une référence à l'histoire, Pujol ajoute : « Nous sommes un pays carolingien ! Nous étions la marche carolingienne de l'Espagne et sommes restés inféodés au roi de France jusqu'au XIIIe siècle, de façon symbolique, puisqu'en réalité notre autonomie était complète. Nous avons donc toujours eu une vocation européenne. Ce qui ne fut pas le cas de l'Espagne, qui a pendant des siècles tourné le dos à l'Europe au profit de l'Amérique. Au XVIIe et au XVIIIe siècle, notre modèle politique était la Hollande. Contrairement au reste de l'Espagne, nous fêtons toujours les deux lundis de Pâques, comme les pays d'Europe centrale. Pour nous, rejoindre l'Europe, ce n'était pas aller à l'étranger, c'était revenir vers nos origines. »

Chaud disciple de Charlemagne et de Pépin le Bref, Pujol ne donne jamais sa place pour critiquer la frilosité européenne de Madrid. Comme de nombreux Catalans, il a vu dans l'Europe une chance d'échapper à l'Espagne. Président jusqu'en 1996 de l'Assemblée des régions d'Europe — un rassemblement des régions autonomes que certains voudraient transformer en sénat européen —, Pujol a tout fait pour imposer la Catalogne comme une véritable « eurorégion » en signant des accords avec les régions frontalières françaises du Midi-Pyrénées et du Languedoc-Roussillon. Son objectif : créer par-delà les frontières un vaste espace économique englobant Toulouse, Montpellier et Barcelone.

Son biographe José Antich se demande si, à soixante-dix ans, celui que l'on surnomme « le roi Pujol » est toujours un fidèle allié de l'Espagne ou « un cheval de Troie » du nationalisme catalan. Contrairement à la formation indépendantiste Esquerra Republicana (ERC), qui le qualifie d'indépendantiste *light*, Jordi Pujol n'a jamais grimpé aux barricades de l'indépendance — un programme difficile à imaginer étant donné qu'à peine un peu plus de 50 % des Catalans sont de souche catalane.

Le principal argument des indépendantistes, qui n'ont jamais dépassé les 8 % aux élections, repose sur le déficit fiscal qui existe entre la Catalogne et l'Espagne. Les Catalans paient un tiers des impôts espagnols alors qu'ils ne représentent que 12 % de la population.

Les fédéralistes répliquent aussitôt que la Catalogne se débrouille mieux que n'importe quelle région d'Espagne : avec 12 % de la population, elle réalise 20 % du PIB espagnol, 26 % des exportations et 29 % des importations.

Les indépendantistes, qui se réclament du melting-pot à l'américaine, misent sur l'intégration progressive de la population castillane pour décrocher un jour la majorité au parlement. « Dans notre parti, il y a beaucoup de militants qui sont d'origine espagnole et qui soutiennent l'indépendance de la Catalogne parce qu'ils en ont fait leur pays, dit leur chef Angel Colom. Pour nous, sont Catalans tous ceux qui vivent en Catalogne, quelle que soit leur origine. »

Lorsqu'on demande tout de même à Jordi Pujol si la Catalogne pourrait être un jour indépendante, il réfléchit un instant, puis reprend : « Nous sommes nous et nous voulons rester nous ! Pour le reste, je ne suis pas là pour spéculer sur les possibilités de l'histoire... »

« Le nerf de la nation »

De passage à Barcelone au début des années 80, le visiteur pouvait difficilement s'apercevoir que le catalan était la langue maternelle de la majorité de la population. Pour le découvrir, il fallait entrer dans les bars enfumés de la vieille ville, emprunter les ruelles étroites qui descendent vers les quartiers populaires, franchir les rideaux de perles des cuisines... ou des bordels du Barrio Chino. Ailleurs, le catalan n'avait pas droit de cité. Un peu comme le français dans le Montréal des années 50.

Vingt ans plus tard, si les affiches commerciales en catalan sont toujours rares, les inscriptions officielles sont bilingues, le catalan s'entend et se parle dans les rues et les bureaux, à l'école, à la radio et à la télévision. On ne comprend rien au mouvement national catalan tant qu'on n'a pas touché du doigt l'attachement viscéral de cette population à sa langue. J'ai eu cette chance lors de la naissance de ma seule et unique nièce à Tarragone, une ville industrielle moyenne de la côte méditerranéenne où la population parle catalan et espagnol. Amanda n'avait pas trois ans qu'elle se retrouvait déjà au centre d'une curieuse polémique. Sa mère, Maria Jesus, décida dès sa naissance de ne lui parler que catalan, elle qui parlait pourtant espagnol depuis sa tendre enfance. « C'est essentiel si nous voulons mettre toutes les chances de son côté. Car les enfants qui parlent bien catalan ont une longueur d'avance à l'école. »

La petite Amanda fait partie de cette nouvelle génération de Catalans nés après l'adoption de la loi de normalisation linguistique, en 1983. Une loi que l'on compare souvent à la loi 101 du Québec et qui a donné à la langue maternelle de 51 % de la population la place dominante dans l'enseignement primaire et secondaire. La loi linguistique québécoise et ses multiples versions n'ont d'ailleurs pas de secret pour les parlementaires catalans, qui peuvent disserter durant des heures des nuances entre « langue officielle » et « langue propre ».

À 10 kilomètres de Tarragone, dans la station balnéaire de Salou, une cinquantaine de parents de souche castillane ne l'entendent pas ainsi. Ils ont fondé en 1993 la Coordination de défense de la langue castillane (Cadeca) pour réclamer des écoles dans leur langue, contester la loi devant les tribunaux et exiger de la Generalitat 10 millions de dollars en dommages et intérêts pour le préjudice subi par les enfants de langue maternelle espagnole.

Le quotidien conservateur de Madrid *ABC* eut beau titrer à l'époque « Comme Franco, mais à l'inverse : persécution du castillan en Catalogne », l'affaire n'est pas allée beaucoup plus loin. « En seize ans, la loi a donné au catalan la place principale dans l'enseignement primaire et secondaire d'où il avait été banni pendant les quarante années de la dictature », dit avec fierté Anton Jilon, chef de cabinet du ministre de l'Éducation. Il rappelle que lorsqu'il était enfant, les gardes civils l'apostrophaient lorsqu'il parlait catalan dans les lieux publics et le sommaient de parler castillan.

Comment imaginer aujourd'hui que l'enseignement du catalan ait été formellement interdit de 1939 à 1977 ? Ainsi en avait décidé Franco, qui ne cachait pas son intention d'éradiquer les langues régionales. L'historien Josep Solé n'hésite pas à parler de « génocide culturel ». Il a dressé la liste chronologique des sévices linguistiques subis entre 1936 et 1975. Cela va de l'interdiction pure et simple, sous peine de contravention, aux attentats à la bombe contre les librairies catalanes. L'ouvrage fait 250 pages !

Pendant ces années, l'arrivée massive d'ouvriers venus des régions pauvres du sud a transformé la société catalane. Près d'un Catalan sur deux est aujourd'hui de langue maternelle castillane. Si bien que les six millions de Catalans, entourés de 34 millions d'Espagnols, apparaissent comme coupés en deux. Il faut dire qu'avant 1936 le catalan était assez peu enseigné à l'école. Il fut progressivement réintroduit dans l'enseignement public à partir de 1977, à une époque où, malgré la répression, il avait déjà conquis une place de choix dans les écoles privées, fréquentées par 45 % des écoliers catalans.

Votée à l'unanimité du parlement catalan en 1983, la loi de normalisation linguistique vise à protéger le catalan de l'omniprésence de l'espagnol parlé dans toute l'Espagne. Elle affirme l'égalité du catalan et de l'espagnol, et oblige l'enseignement des deux langues à tous les niveaux scolaires. La loi garantit aux enfants le droit à un enseignement dans leur langue, l'espagnol ou le catalan, jusqu'à six ans. En Espagne, l'école commence à trois ans. Après sept ans, la langue principale d'enseignement est obligatoirement le catalan. « Nous voulons qu'à quatorze ans tous les élèves s'expriment dans les deux langues », dit Anton Jilon.

En pratique, les nombreux décrets d'application et l'immersion systématique (inspirée des expériences québécoises) font en sorte qu'il est à peu près impossible de trouver une école primaire ou secondaire où l'enseignement n'est pas principalement en catalan. Même dans les banlieues ouvrières de Barcelone, majoritairement de langue maternelle castillane, la langue d'enseignement reste le catalan. Tout au plus la Generalitat fournit-elle aux parents qui le demandent les services d'un professeur d'appoint et des manuels en espagnol afin d'aider les jeunes en difficulté.

Selon les plus récents sondages, 93 % des habitants de Catalogne comprennent aujourd'hui le catalan et 68 % le parlent. Le retour du catalan a correspondu à une explosion du nombre d'écoliers. La Catalogne est la région d'Europe occidentale où l'on a construit le plus d'écoles durant ces deux dernières décennies. En quatorze ans, la Generalitat a créé 350 000 places dans les écoles publiques, qui ont atteint un total de 1,2 million d'élèves de 2 à 18 ans, soit une croissance de 35 % à 40 %. En quatorze ans, la Generalitat a aussi beaucoup investi dans l'éducation, en particulier dans les banlieues industrielles où se concentre la population castillane. Résultat : beaucoup d'enfants corrigent aujourd'hui leurs parents, qui n'ont jamais étudié le catalan.

Lorsqu'on demande à Anton Jilon pourquoi la minorité de langue maternelle espagnole (49 % de la population !) n'a pas droit à des écoles primaires et secondaires dans sa langue, il explique que l'immersion en catalan est la seule façon d'assurer l'apprentissage du catalan par tous.

« Chez nous, tous les enfants sont bilingues dès six ans. Ils ne subissent donc aucun préjudice. D'autant plus que les écoles sont tenues d'assurer l'apprentissage des deux langues officielles. Enfin, notre tradition scolaire est complètement différente de celle du Québec. Nous sommes opposés à toute forme d'apartheid scolaire et linguistique. » Entendez des réseaux scolaires linguistiques séparés !

Une telle politique appliquée à Montréal provoquerait

l'érection de barricades dans tout le West Island. Contrairement au Québec, la Catalogne participe à un vigoureux esprit républicain. De plus, le bilinguisme, inévitable en Catalogne, apparaît comme la meilleure façon de défendre une langue qui était il n'y a pas si longtemps en voie de disparition.

Cela explique que la révolution scolaire catalane n'ait soulevé qu'une opposition très marginale. Aussi étrange que cela puisse paraître, la majorité des 2,5 millions de Catalans de souche castillane semble s'accommoder du nouveau paysage linguistique. Interrogés par le quotidien *La Vanguardia,* 72 % des Catalans déclaraient approuver l'immersion linguistique. Les opposants ont toutes les difficultés du monde à recueillir la majorité dans les centres scolaires afin d'obtenir des classes en espagnol comme la loi le permet pour les enfants de moins de sept ans.

Il faut savoir que le catalan est la langue des couches les plus favorisées et donc de la promotion sociale. Les parents hésitent donc à revendiquer des classes en espagnol de peur de compromettre la réussite scolaire de leur enfant. Ce qui n'empêche pas l'enseignement professionnel et universitaire d'être toujours majoritairement en castillan. Trente pour cent des professeurs qui font passer le diplôme d'études collégiales ne connaissent pas le catalan. Ils sont souvent originaires des autres provinces espagnoles. Quant aux étrangers de passage, ils sont dispensés des examens en catalan, mais pas d'apprendre la langue.

En février 1994, la Cour suprême est intervenue sur la question : « Dans un État social et démocratique de droit qui a la liberté pour valeur suprême, qui fait de la dignité de la personne et du libre développement de la personnalité les fondements de l'ordre politique et de la paix sociale […] il n'est pas possible de […] priver les enfants du droit d'être éduqués dans leur langue maternelle. »

Dans un document de 200 pages, la Generalitat a soutenu de son côté qu'elle a toutes les compétences pour décider de la place du catalan dans ses écoles et que la constitution ne contient pas un mot sur le « droit des parents de choisir la langue d'enseignement de leurs enfants ». La constitution espagnole ne reconnaît qu'une langue officielle, le castillan, mais laisse aux gouvernements autonomes le soin d'en reconnaître d'autres. La Generalitat invoque aussi la jurisprudence de la Cour européenne des droits de l'homme, affirmant qu'on « ne lèse les droits de personne lorsque l'enseignement est donné dans une langue autre que celle de l'élève, mais qui lui est compréhensible ».

Anton Jilon envie les Québécois, qui, dit-il, ont « la chance » de parler une grande langue internationale. Il ne cache pas que si un jour un tribunal devait remettre en question les principes essentiels de la loi linguistique catalane, cela créerait une « véritable crise politique », car la langue, dit-il, est « le nerf de la nation ». La loi qui fonde le nationalisme catalan pourrait-elle un jour être déclarée inconstitutionnelle ? Interrogé, le président Jordi Pujol n'hésite pas à dire : « La situation serait grave ! Très, très grave ! Au point que je ne peux même pas l'imaginer. »

Une seconde loi linguistique

Je n'avais pas revu Jordi Pujol depuis le jour où il m'avait accueilli deux fois pendant plus d'une heure dans son magnifique palais de la Generalitat. Est-ce un hasard si je le retrouvais dans l'ancien cloître Santa Monica de Barcelone, inaugurant une exposition d'artistes québécois intitulée *Le Corps, la langue, les mots, la peau* ? La pièce maîtresse, de Rober Racine, était extraite d'un immense jardin de 55 000 mots patiemment découpés dans le *Robert* pendant des milliers d'heures afin de les immortaliser sur des affichettes plantées en rangs serrés. Mais un jardin qui pourrait aussi ressembler à un cimetière. Pujol s'est arrêté longuement. Puis, il s'est penché comme il le fait habituellement lorsqu'il veut emprunter le ton de la confidence. « Les mots, encore les mots », dit-il. Il n'avait pas besoin d'ajouter quoi que ce soit pour exprimer ce que représente la langue pour ces petits peuples qui ont la conscience d'être mortels.

Le président, au pouvoir depuis dix-huit ans, venait de lancer une seconde offensive de « normalisation linguistique ». Son objectif : faire du catalan la « langue d'usage normale » de la société catalane. « Notre langue n'a toujours pas conquis le statut d'égalité avec l'espagnol défini dans la loi de normalisation linguistique, adoptée en 1983 », me disait Miguel Reniu, responsable de la politique linguistique. « Nous n'avons pas fini de corriger une situation créée par des décennies de persécution. »

En réécrivant la loi de 1983, les élus ont voulu renforcer les prérogatives de la langue nationale sans pour autant brusquer les choses. Il s'agit, tout en consacrant le statut officiel du castillan et du catalan, de faire de ce dernier la « langue propre de la Catalogne » définie comme un « élément fondamental » du « caractère national catalan ». Cela veut dire que le catalan devra devenir la langue « normale » des administrations publiques, qu'elles relèvent de Madrid ou de Barcelone, en particulier des tribunaux et de la police, qui l'utilisent peu. Si le catalan était déjà obligatoire dans la fonction publique de la province, les Catalans peuvent désormais exiger un passeport, un permis de conduire, une carte d'identité et tout document administratif en catalan. Les chèques peuvent aussi être rédigés en catalan. La nouvelle législation vient aussi officialiser la réalité scolaire catalane : les premières années d'école peuvent se dérouler en catalan ou en castillan, mais le catalan doit s'imposer progressivement par la suite. La loi veut par ailleurs donner la première place au catalan dans les universités et les collèges, et imposer des quotas à la télévision et à la radio.

Est-ce la fascination pour les quotas ? En plein débat linguistique, Jordi Pujol est allé jusqu'à suggérer qu'en Catalogne le roi Juan Carlos prononce la moitié de ses discours en catalan. L'idée a semé l'émoi à Madrid et ouvert le débat sur une note de discorde.

Enfantée dans la polémique, la nouvelle loi linguistique a eu de la difficulté à susciter l'unanimité qu'avait obtenue la loi de 1983. Le texte, adopté par 102 voix contre 25, a surtout provoqué l'opposition du Parti populaire (PP) de droite, qui le juge trop radical. Son leader, Francisco Alvarez Cascos, estimait la loi « contraire à l'esprit de liberté et de commerce qui doit exister dans une communauté bilingue ». Quant aux socialistes, ils s'y sont finalement ralliés, malgré leur opposition aux amendes exorbitantes menaçant les radiodiffuseurs et les distributeurs cinématographiques qui ne respectent pas les quotas linguistiques.

De leur côté, les indépendantistes de la Gauche républicaine (ERC) continuent à trouver la loi trop timorée et lui reprochent de « ne pas garantir aux Catalans la possibilité de vivre normalement en catalan en Catalogne », explique son porte-parole Daniel Condeminas. « Le problème, ce n'est pas de parler catalan, mais de vivre en catalan. » Aussi reproche-t-il à la loi de ne pas forcer les entreprises à fournir leurs informations en catalan. L'étiquetage, par exemple, n'est obligatoire en catalan que sur les articles produits localement. « La justice et les tribunaux ne sont pas obligés de vous servir en catalan; tout au plus sont-ils tenus de vous fournir une traduction lorsque vous l'exigez. » Les indépendantistes reprochent de plus à la loi de ne pas assurer aux étudiants la possibilité de faire toutes leurs études universitaires en catalan. Daniel Condeminas cite l'exemple norvégien. « Les programmes informatiques les plus courants sont introuvables en catalan alors qu'ils existent en norvégien. Les Norvégiens ne sont pourtant que quatre millions, deux millions de moins que les Catalans.» Si la nouvelle loi garantit le droit des Catalans de s'exprimer dans leur langue dans tous les lieux publics, elle ne les assure pas pour autant que la réponse viendra, elle, en catalan. À l'exception de quelques grandes entreprises publiques, comme les monopoles du gaz et de l'eau, le secteur privé n'utilise pratiquement pas le catalan. La publicité en catalan occupe moins de 35 % du marché.

À la radio et à la télévision, 50 % des émissions des stations locales devront progressivement être en catalan, de même que 25 % des chansons entendues. Les subventions culturelles sont de leur côté largement orientées vers les productions en catalan. Ce qui n'empêche pas le castillan de dominer partout.

Le législateur a visiblement voulu éviter d'entrer dans le douloureux problème de l'affichage. Ainsi n'impose-t-il le catalan qu'en ce qui concerne l'affichage fixe et permanent, comme le nom des rues. Et encore accorde-t-il un délai de deux à cinq ans pour s'y conformer. La loi exclut les raisons sociales et la publicité. Finalement, la loi ne sanctionne pas les citoyens, uniquement les grandes entreprises et les fonctionnaires.

Nul doute que le gouvernement nationaliste de Jordi Pujol, vieil habitué des négociations avec Madrid, a tenu compte de la conjoncture politique que vit l'Espagne depuis l'élection de José Maria Aznar à la tête du gouvernement. Comme autrefois avec les socialistes, Pujol détient la « balance du pouvoir » et peut faire tomber le gouvernement quand bon lui semble. Un privilège dont il ne peut cependant pas abuser. C'est ce qui explique qu'il ait pu venir à bout de l'opposition des élus du Parti populaire, tout en ayant pris soin d'adopter une formulation suffisamment modérée pour ne pas non plus provoquer d'affrontement.

Mais le débat le plus vif concerne le cinéma, où l'écart est dramatique, puisque seulement 2 % des films sont doublés en catalan. Un an après l'adoption de la nouvelle loi, le ministre catalan de la Culture et « dauphin » de Jordi Pujol, Joan Maria Pujals, a dû repousser l'application d'un décret forçant les multinationales du cinéma à diffuser leurs films en catalan. Cette suspension intervenait au terme de plusieurs mois de controverse et après que les distributeurs et le ministre se furent entendus sur un échéancier de négociation.

Inspiré par ce qui se fait au Québec (la coopération linguistique Québec-Catalogne date de 1982), le parlement de la Generalitat veut obliger Hollywood à doubler ses films en catalan dès lors qu'ils sont diffusés dans au moins 18 salles. Cela forcerait le doublage de la plupart des grandes productions américaines, qui ne sont aujourd'hui, sauf exception, offertes qu'en castillan. Une production présentée dans 20 salles devrait obligatoirement l'être en catalan dans au moins 10 d'entre elles.

L'objectif avoué est de parvenir à ce que 25 % des films projetés en Catalogne (environ 60 films par année) le soient dans la seconde langue officielle de la province. Au début de 1999, Luis Jou s'est donc envolé vers Washington pour rencontrer Jack Valenti, grand patron de l'industrie américaine. « Tant que nous n'avons pas montré notre détermination, les distributeurs espagnols ont refusé de négocier », dit le puissant responsable de la Direction générale de la politique linguistique, l'équivalent catalan de l'Office de la langue française. Après tout, en termes de recettes, la Catalogne est le 8e marché cinématographique européen, devant les Pays-Bas, l'Autriche et le Danemark. Au cœur du litige se trouvait l'aide au doublage. « Nous étions prêts à subventionner le doublage et à aider la promotion des films doublés, explique Jou. Mais pas question d'assumer tous les coûts. Et ces mesures ne doivent pas durer plus de quatre ou cinq ans. » Les *majors* ne l'entendent pas ainsi. Les distributeurs, qui exigent soudain de l'argent, ne se sont pourtant à peu près jamais prévalus du programme d'aide au doublage qu'offre le gouvernement catalan depuis 1990. Seules quelques grandes productions pour enfants ont été doublées : *Mulan*, *Anastasia*, *Le Bossu de Notre-Dame*, etc.

« Les Américains sont des pragmatiques, ils finissent toujours par négocier », a déclaré Pasqual Maragall, rival de Jordi Pujol et leader du Parti socialiste catalan (PSC). Dans ce bras de fer, Pujol avait l'opinion de son côté : entre 65 % et 80 % de la population (selon les sondages) soutenait son décret.

Mais il a dû affronter un ennemi imprévu. « Cela fait des décennies que j'essaie de défendre le cinéma catalan, qui, avec cinq à six films par an, est moribond. Or, au lieu d'aider davantage la création et les jeunes réalisateurs, la Generalitat est prête à débourser quatre millions de dollars pour que Sylvester Stallone et Kevin Costner nous gratifient d'un *Bon dia* [« bonjour » en catalan]. Quelle avancée ! » a déclaré le cinéaste Manuel Esteban Marquilles, qui a adapté au cinéma plusieurs romans du célèbre écrivain catalan Manuel Vasquez Montalban.

Une partie des cinéastes catalans préférerait en effet

empocher les subventions destinées aux distributeurs plutôt que de les voir servir au doublage. En subventionnant le doublage, disent-ils, la Generalitat aide peut-être la cause du catalan, mais elle favorise en même temps la distribution des films américains au détriment de la production locale.

Les dirigeants catalans savent parfaitement que le Québec a dû réécrire trois fois sa propre loi sur le doublage pour finalement parvenir à une version définitive. Aujourd'hui, ce débat se poursuit en Catalogne sous les yeux attentifs de l'Europe. Car il se pourrait qu'après être devenu la règle au Québec le doublage des films devienne un jour la norme dans plusieurs autres petites nations européennes, comme la Suède, la Grèce et les Pays-Bas, des États souverains qui n'ont pas de loi sur le doublage.

* * *

Dans un de ces nombreux colloques universitaires qui réunissent régulièrement depuis quelques années des universitaires québécois et catalans, le professeur de philosophie Angel Castiniera, de retour d'un séjour au Québec, m'avait un jour confié son étonnement devant la quantité et la qualité de la production audiovisuelle québécoise. « Tout cela est encore inimaginable en Catalogne ! » Mais le cinéma n'est qu'un exemple parmi d'autres.

Impossible de tracer des parallèles simples entre les situations catalane et québécoise. « Nous sommes beaucoup plus bilingues que vous, me disait Ferran Mascarell, aujourd'hui conseiller culturel à la mairie de Barcelone. Il n'est pas contradictoire pour nous d'écrire dans une langue ou l'autre. Peut-être à cause de la parenté du catalan et de l'espagnol qui facilite l'apprentissage des deux langues. Peut-être aussi que le bilinguisme, que nous pratiquons depuis si longtemps, fait aujourd'hui partie de notre identité. »

Est-ce ce qui explique l'absence d'un véritable mouvement indépendantiste catalan ? De nombreux artistes catalans utilisent indifféremment les deux langues. Les plus connus, comme les écrivains Eduardo Mendoza et Manuel Vasquez Montalban, choisissent souvent le castillan pour des raisons de diffusion évidentes. Depuis une dizaine d'années, l'édition en catalan a néanmoins connu une véritable explosion, de même que l'édition en espagnol. Grâce à l'aide de la Generalitat, le catalan est devenu la langue de 90 % de la production théâtrale et d'une vingtaine de films chaque année. Il arrive de plus en plus que ces œuvres soient traduites en espagnol pour être jouées dans toute l'Espagne ou en Amérique du Sud. Il en va de même pour les innombrables groupes rock catalans qui choisissent indifféremment le catalan, le castillan... ou l'anglais.

En dépit d'une situation linguistique beaucoup plus précaire que celle des Québécois, les Catalans semblent faire preuve d'une assurance à toute épreuve. Une assurance que l'on s'explique mal lorsqu'on débarque pour la première fois à Barcelone en provenance de Montréal. Pas besoin de savantes études pour constater que le catalan sera encore longtemps minoritaire dans la vie publique et que les compétences de la Generalitat sont encore loin d'atteindre celles d'une province canadienne.

Il faut revenir en Catalogne à plusieurs reprises pour comprendre que cette assurance est probablement celle que confère l'histoire. Certes, la reconnaissance nationale qu'accorde la constitution espagnole à la « nationalité » catalane y est pour beaucoup. Celle-ci fut conquise de haute lutte au moment de la transition démocratique et entérinée par la majorité des Catalans à l'occasion du référendum de 1979. Elle est même la condition *sine qua non* de la loyauté des Catalans à Madrid. La réussite économique, qui fait de la Catalogne la région la plus riche d'Espagne, a fait le reste.

Mais l'essentiel n'est peut-être pas là. J'oserai dire qu'il est tout simplement dans cette confiance tranquille d'un peuple qui est convaincu que les cultures survivent aux pays, que l'histoire est plus forte que les éphémères structures politiques. Un peuple qui a traversé le millénaire et envisage le prochain avec le même aplomb.

Écosse

Le nationalisme tranquille

Le train pour Inverness, capitale des Highlands au nord de l'Écosse, a tout des trains canadiens. Il est non seulement bourré de retraités et d'étudiants à la recherche de leurs racines, mais il a la même lenteur : 3 h 30 pour parcourir 250 kilomètres ! À Inverness, c'est même un Torontois revenu défendre l'indépendance de sa terre natale après quinze ans d'exil canadien qui m'accueille.

Les Écossais ne font pas que boire de la Labatt, manger des fèves au lard et danser des *sets carrés,* ils ont aussi attrapé le virus indépendantiste. Dennis MacLeod a quitté le Canada pour racheter à Strathconan la maison du clan des MacKenzie, ceux qui ont donné son nom au fleuve des Territoires du Nord-Ouest. Depuis son retour, cet investisseur minier, que l'épicière du coin surnomme gentiment « mon millionnaire », est devenu l'un des principaux organisateurs du Scottish National Party (SNP), le parti indépendantiste écossais. Il en est même l'un des principaux mécènes, après bien sûr Sean Connery, l'interprète de James Bond, qui verse au parti 100 000 dollars par année. « Moi, je suis Goldfinger », dit MacLeod en éclatant d'un rire tonitruant.

Visiter Inverness, c'est un peu remonter aux racines du nationalisme écossais. À quelques kilomètres du loch Ness, presque tout le monde croit au monstre du même nom dont tous les musées exhibent des photos dont l'authenticité est garantie. « Qui serait assez stupide pour détruire une industrie qui attire des millions de touristes chaque année ? » demande MacLeod. Entre le match de soccer et le pub, on discute à bâtons rompus de la rébellion jacobite et de la défaite de Culloden (1746) comme si c'était hier. Une bataille après laquelle l'armée anglaise a déporté 90 % de la population de la région, longtemps avant le Kosovo. Une partie de ces catholiques — hostiles au presbytérien Cromwell et partisans du Très Chrétien Jacques II Stuart et de son fils — sont alors partis fonder la Nouvelle-Écosse… et la Banque de Montréal.

En 1967, la région fut la première à élire un député du SNP. Députée européenne, Winnie Ewing a depuis été consacrée mère supérieure du parti. Cette victoire marquait le début de la modernisation d'une formation autrefois associée aux secteurs les plus conservateurs. Le slogan de l'époque ne manquait pas d'audace : « *Stop the world. Scotland wants to get on!* » (« Arrêtez le monde. L'Écosse veut y monter ! ») Dans la plus pure tradition écossaise, Winnie Ewing a d'ailleurs fondé un clan puisque quatre membres de sa famille se présentaient aux élections de 1999.

Son fils dans la trentaine, Fergus Ewing, est l'une des figures montantes du parti. La hausse de la taxe sur le carburant décrétée par les travaillistes et qui touche durement les régions est son cheval de bataille. « Londres pense encore qu'elle dirige le monde, dit-il. Seule l'indépendance permettra à l'Écosse de tenir vraiment compte des régions. » Il faut savoir que le nouveau parlement écossais n'a pratiquement aucun pouvoir de taxation, surtout pas celui d'annuler les taxes décrétées par Westminster auquel on reproche ses dépenses somptuaires.

Mais les Écossais n'ont-ils pas toujours été de loyaux sujets de Sa Majesté ? « Plus le souvenir de la Seconde Guerre mondiale s'estompe, dit Fergus Ewing, plus les jeunes s'identifient à l'Europe et moins ils sont attachés à l'Union. » Les sondages semblent lui donner raison : 44 % des électeurs de 18 à 34 ans soutiennent l'indépendance, comparativement à 32 % pour les 35-64 ans.

L'Acte d'Union, ça vous dit quelque chose ? Les Écossais en parlent à la manière des Canadiens d'avant 1867. Certains utilisent même le mot « traité », un terme que les tribunaux n'ont jamais accepté puisque l'Union est née d'une loi de Westminster.

Contrairement au pays de Galles, l'élite écossaise a pourtant volontairement sacrifié son parlement en 1707 pour rejoindre le Royaume-Uni. En échange, l'Écosse a conservé ses églises, ses lois et son système d'éducation. La langue ne posait pas problème puisqu'au XVIIIe siècle moins de 15 % des Écossais parlaient gaélique. Magnanimes, les souverains britanniques se sont généralement souciés de rappeler le caractère multinational de leur empire. George IV n'ira-t-il pas jusqu'à porter le kilt ? Fidèle à la tradition imposée par ses prédécesseurs, Élisabeth II gravit périodiquement la colline du Royal Mile où s'élève le château d'Édimbourg pour remercier le peuple écossais de s'être joint au royaume multinational de Grande-Bretagne et d'Irlande.

Les Écossais ont toujours été considérés par les Britanniques comme une nation distincte. La rhétorique canadienne, qui craint comme la peste les mots « peuple », « nation » et voue même aux gémonies ceux encore plus édulcorés de « société distincte », fait ici sourire les conservateurs aussi bien que les nationalistes. « L'Écosse est une nation de plein droit, a dit le premier ministre travailliste Harold Wilson. Différente de l'Angleterre et du pays de Galles, mais pas à part[1]. » L'élection d'un premier parlement écossais en mai 1999 a incité la BBC à demander à ses journalistes d'être plus prudents dans l'utilisation des termes « nation britannique ». Le chancelier de l'Échiquier, Gordon Brown, est allé jusqu'à décrire la Grande-Bretagne comme un pays « qui ne se définit plus par ses frontières mais par ses valeurs ; un pays qui a réussi à devenir le premier pays multiculturel, multiethnique et multinational du monde ».

Voilà qui explique peut-être le nationalisme tranquille des Écossais. En Écosse, les débordements nationalistes se limitent le plus souvent au rugby ; les Écossais prenant pour les Français chaque fois que ces derniers rencontrent une équipe anglaise. En 1927, le poète écossais Hugh MacDiarmid décrivait l'Écosse comme un cas « unique parmi les nations européennes » à cause de la « faiblesse de ses sentiments nationalistes ».

Les Écossais sont des gens imperturbables, me confiait à Édimbourg Charles Gray, un travailliste qui fut membre du Comité des régions d'Europe. Chaque année, le 25 janvier, ce vieux militant nationaliste se réunit avec quelques joyeux lurons de ses amis pour célébrer l'anniversaire de Robert Burns[2] autour d'une bouteille de whisky. Il passe la

---

1. « *Scotland is a nation in her own right. Different from England and the Welsh. But not apart from them* », *Sunday Mail*, 7 juin 1970.

2. Robert Burns est considéré comme le poète national écossais, peut-être plus pour sa vie mouvementée de libre penseur (il mourut des

nuit à lire des poèmes du barde national écossais dans une vieille édition rapportée de Montréal en 1930 par sa mère. Un des poèmes de Burns vilipende d'ailleurs ces traîtres qui ont vendu le parlement d'Édimbourg à la couronne britannique.

« Nous tolérons des situations que d'autres n'endureraient pas, dit Gray. Quatre-vingt pour cent des Écossais étaient pour le retour d'un parlement à Édimbourg après trois cents ans d'absence, mais personne ne serait descendu dans la rue pour cela. Avec le nouveau parlement que nous venons de nous donner, dans cinquante ans l'indépendance pourrait tout simplement apparaître comme une évolution naturelle. La séparation sera peut-être inévitable un jour. Qu'importe si c'est le développement naturel et si ça se fait avec l'Europe. » Une seule chose est certaine : les Écossais ne descendront pas dans la rue pour autant !

La renaissance du nationalisme écossais dans les années 80 est en bonne partie le résultat des maladresses du gouvernement conservateur de Margaret Thatcher. À cause de son manque flagrant de culture politique et de ses origines, Thatcher n'a jamais rien compris à l'Écosse et a fait des erreurs dramatiques. La Dame de fer a failli provoquer une véritable insurrection en expérimentant en Écosse sa célèbre *poll tax*, une taxe qui était destinée à remplacer l'impôt foncier et que devait payer chaque citoyen, riche ou pauvre, y compris les étudiants et les bébés. « On n'en serait pas là si Margaret Thatcher n'avait centralisé toutes les formes de pouvoir à Westminster », dit Donald Macintyre, chroniqueur du quotidien londonien *The Independant*.

suites d'une beuverie) que pour ses opinions politiques. À la fin du XVIIIe siècle, peu après l'Acte d'Union, il contribua à façonner quelques-uns des grands mythes nationaux écossais. Il écrivait à la fois en anglais et dans le dialecte des Lowlands du sud (jamais en gaélique).

Le Skye Bridge reste dans les Highlands le symbole de cette incurie. Il en coûte 10 dollars pour traverser cet ouvrage construit par l'entreprise privée à l'époque des privatisations à tous crins. Le pont est pourtant, mis à part un paisible traversier, le seul lien du continent avec l'île de Skye. Ce bout de lune tombé dans l'Atlantique est l'une des plus belles îles du monde. Et des plus visitées. Les travaillistes avaient promis d'abolir le péage, mais ils n'ont rien fait.

Pas surprenant que les indépendantistes restent influents dans le nord du pays, où se trouve d'ailleurs la circonscription du chef du SNP, Alex Salmond. Cet ancien économiste de la Royal Bank of Scotland a transformé ce qui n'était avant lui qu'une vieille formation indépendantiste marginale et poussiéreuse en un parti social-démocrate moderne. On l'a surnommé Alex « Braveheart », une allusion au film du même nom qui met en vedette Mel Gibson et qui raconte la victoire de Stirling Bridge où les Écossais ont défait les Anglais il y a sept cents ans.

Ses talents de publicitaire sont reconnus par tous. La campagne électorale de 1999 en a fourni une brillante démonstration. Invité, sans droit de parole, à une soirée de charité en compagnie de Tony Blair, Salmond a littéralement volé la vedette en imitant la façon de faire des jeux-questionnaires télévisés où les participants brandissent de petits cartons en hurlant. Dès que le premier ministre s'est mis à critiquer les indépendantistes, il a brandi un carton sur lequel était inscrit le mot « *Bluff* ».

Le brillant polémiste a régulièrement maille à partir avec les purs et durs de son parti. Margo MacDonald, un des leaders de l'aile radicale, a même refusé de voter oui au référendum sur le parlement écossais tenu en septembre 1996. Alex Salmond avait alors forcé les militants les plus radicaux à accepter sa stratégie gradualiste qui passait par l'union avec les travaillistes pour la création d'un nouveau parlement. Trois ans plus tard, les alliés d'hier sont redevenus des ennemis. Les indépendantistes reprochent notamment aux travaillistes de ne pas avoir installé le parlement là où il siégeait en 1707, sur Carlton Hill au cœur d'Édimbourg. La construction d'un nouveau bâtiment proche de la résidence royale de Holyrood est perçue comme un affront à l'histoire. La première élection du nouveau parlement écossais a parfois pris les accents d'un mauvais film d'horreur. Les travaillistes ont couvert les murs du mot « divorce » écrit en capitales sur des photos en noir et blanc. L'affiche avait l'air d'un avis de décès, celui de l'Écosse évidemment. Les tabloïds à sensation, peu portés sur l'indépendance, se sont fait un plaisir de publier de vieilles photographies de Sean Connery serrant la main de Tony Blair et de ministres travaillistes.

L'un d'eux, George Robertson, n'avait-il pas dit que la dévolution tuerait le nationalisme écossais ? La première élection à Holyrood lui a donné tort. Aussi vrai que le paisible loch Ness cache un mystère entretenu depuis des siècles, un nationaliste sommeille au fond de chaque Écossais, dit Alex Salmond.

« La création d'un parlement écossais est un pas vers une plus grande autonomie nationale, qui pourrait à terme conduire à l'indépendance », dit Lindsay Paterson. Selon le sociologue de l'Université d'Édimbourg, l'Écosse souffre depuis toujours d'un « déficit démocratique ». Depuis un siècle, le pays était administré directement de Londres par le Scottish Office. Ce gros ministère des affaires indiennes régnait sur un budget de 30 milliards de dollars. Ses fonctionnaires s'occupaient aussi bien d'éducation que de pêche, de justice ou d'affaires municipales. Les députés écossais de Westminster, réunis deux fois par année dans le Scottish Grand Committee, n'avaient aucun pouvoir sur lui. Sinon un pouvoir moral.

En 1979, un premier référendum sur la dévolution avait été perdu de justesse parce que Londres avait fixé la majorité nécessaire à 60 %. Les Écossais ne se découragèrent pas pour autant. En plein thatcherisme, tous les députés travaillistes d'Écosse sauf un signèrent une déclaration reconnaissant « le droit souverain du peuple écossais ». C'était en mars 1989. En 1992, les députés travaillistes et libéraux-démocrates (61 des 72 députés écossais) se réunirent au sein de la Scottish Constitutional Convention qui réclama la dévolution à un parlement écossais d'à peu près tous les pouvoirs de Westminster, à l'exception des affaires étrangères, de la défense et des politiques macroéconomiques. Ce programme ressemblait comme deux gouttes d'eau au célèbre rapport Allaire québécois qui a suivi l'échec des négociations du lac Meech. En reprenant la revendication d'un parlement écossais en 1996, Tony Blair n'a fait que revenir au programme traditionnel des travaillistes, qui prônaient l'autonomie de l'Écosse, le *home rule,* dès les années 20.

En moins de deux ans les dirigeants de Westminster ont fait plus que tous ceux qui les ont précédés pour actualiser le pacte qui rassemble les nations du Royaume-Uni. Tony Blair a partiellement dénoué l'impasse irlandaise et presque redonné son autonomie à l'Ulster. Il a accordé une assemblée législative aux Gallois, qui ne la réclamaient qu'à moitié. Il a finalement fait aboutir la revendication centenaire d'un parlement écossais, ce qu'aucun gouvernement avant le sien n'avait eu la hardiesse de faire. Le pari de Londres est clair : amener tranquillement les indépendantistes à accepter l'alliance avec le Royaume-Uni.

Allan McCartney est convaincu que toutes ces réformes auront l'effet contraire. « La création d'un parlement à Édimbourg aura un effet psychologique profond », dit-il. Député européen et responsable de la politique étrangère du SNP, ce vieux routier de l'indépendance se souvient de la visite en Écosse, dans les années 70, d'un « petit homme étrange venu du Québec qui s'appelait… René Lévesque ». Son voyage était alors passé inaperçu.

Avec le nouveau parlement, le SNP a troqué huit députés à Londres contre une quarantaine à Édimbourg. Son budget de recherche a été multiplié par dix. Ses représentants sont sans cesse à la télévision écossaise. Aujourd'hui, le SNP peut jour après jour accuser Londres de restreindre les pouvoirs de la nouvelle assemblée.

Il faut dire que les élus du SNP restent pour l'instant les seuls dans ce jeune parlement à ne pas prendre leurs ordres de Londres. Ce qui rend leur programme séduisant pour tous ceux qui rêvent de constituer une véritable opposition à Tony Blair. Loin d'être un simple feu de paille ou un club d'amateurs de cornemuse, le SNP n'a pas fini de faire parler de lui.

Ce qui n'empêche pas les indépendantistes de reconnaître en privé que les Écossais ne sont qu'au début d'un long chemin. Ils sont placés devant deux projets politiques éminemment modernes. Tony Blair a prouvé que le Royaume-Uni n'était pas un vaisseau pris dans la glace et qu'il pouvait évoluer vers un modèle respectueux des nations qui le composent. Les indépendantistes du SNP chérissent un projet indépendantiste capable de mobiliser la jeunesse et de la faire participer encore plus pleinement à l'Europe. Si les indépendantistes l'emportent un jour, les Écossais connaîtront les charmes d'un premier référendum, voire d'un second. Car, dans l'éventualité d'un oui, le SNP promet un autre référendum sur le maintien de la monarchie. On pourrait même imaginer le SNP au pouvoir incapable de faire l'indépendance. *Welcome to the Party!*

Le coût de l'indépendance

En bons élèves d'Adam Smith et de David Hume, deux fils d'Édimbourg, les Écossais prendront le temps de peser le pour et le contre. C'est exactement ce que fait Andrew, un chauffeur de taxi de la capitale écossaise qui a travaillé deux ans en Ontario comme menuisier. « Je ne pouvais plus supporter le trafic de Toronto. Ma femme avait le mal du pays. Et puis... Édimbourg est la plus belle ville du monde. » Fervent nationaliste, Andrew n'est pas pour autant indépendantiste. « L'indépendance, ce serait pas mal... Tout dépend combien ça coûte ! »

Cette phrase, les Écossais l'ont entonnée comme un véritable hymne national depuis le retour d'un parlement à Édimbourg. Cette question est sur toutes les lèvres. La première campagne électorale écossaise ressemblait d'ailleurs à s'y méprendre aux campagnes québécoises. D'un côté, l'indépendance devait amener la prospérité. De l'autre, elle était pire que la peste. Personne n'a vu de camions blindés traverser la frontière, mais indépendantistes et travaillistes se livrent depuis à une guerre de chiffres qui fait perdre son latin à la ménagère de moins de cinquante ans.

Au pays d'Adam Smith, le père du libéralisme, on ne s'engage pas dans l'aventure indépendantiste sans compter ses sous. Il faut savoir qu'en plus de la pénicilline (Alexander Fleming), de la télévision (John Baird), des pneus (John Dunlop), du téléphone (Graham Bell), de la machine à vapeur (James Watt), des brebis-éprouvettes (Dolly), du golf et du *fish & chips*, les Écossais revendiquent l'invention des premières banques. L'Acte d'Union signé en 1707 leur permet d'ailleurs d'imprimer leurs propres billets de banque, un droit essentiellement symbolique puisque la livre écossaise n'est qu'une livre sterling déguisée.

« Ici, le seul véritable débat sur l'indépendance n'est pas politique, il est économique, dit l'économiste Brian Main de l'Université d'Édimbourg. L'Écosse indépendante serait au huitième ou au neuvième rang dans le monde pour le PNB par habitant. Mais elle possède de grandes banques, de grandes compagnies d'assurances, des caisses de retraite influentes. Ce sont des milieux frileux. » La Standard Life est l'un des tout premiers employeurs d'Édimbourg.

Alex Salmond, chef des indépendantistes du Scottish National Party (SNP), n'est-il pas lui-même un ancien économiste de la Royal Bank of Scotland ? Pendant la campagne de 1999, il citait sur toutes les tribunes l'étude de Brian Main, réalisée pour l'institut David Hume. Main a écrit que l'Écosse indépendante aurait en main tous les leviers pour tirer son épingle du jeu dans l'Union européenne. Mais Salmond ne semblait pas avoir tout lu.

Brian Main soutient que l'Écosse ferait obligatoirement face à des coûts de transition. Si l'on tient compte de l'ensemble des revenus, le pays reçoit aujourd'hui 25 % de plus que ce qu'il envoie à Londres pour l'éducation, la santé, les transports, la police, etc. Or, son produit national brut par personne est légèrement inférieur (96 %) à celui de la Grande-Bretagne.

« Dans l'immédiat, l'Écosse pourrait donc devoir hausser ses impôts ou réduire certains services », dit Main. D'autant plus que pour rejoindre l'Union européenne, le traité de Maastricht force les pays à maintenir leur déficit en deçà de 3 % de leur PIB. Or, le déficit écossais serait aujourd'hui autour de 6 %. Si les nationalistes tirent de l'arrière dans les sondages, c'est probablement faute d'avoir répondu à ces questions, dit l'économiste.

Alex Salmond ne se laisse pas désarmer pour si peu. « Un coût pour l'indépendance ? Mais il y a un coût pour rester dans l'Union ! L'Union signifie pour nous plus de chômage et l'émigration de nos forces vives vers l'Angleterre. L'économie écossaise n'a jamais pu développer son véritable potentiel dans l'Union. L'indépendance est une chance, pas un coût. »

Les indépendantistes rêvent de mettre la main sur les énormes revenus du pétrole de la mer du Nord encaissés par Londres. Notre seul déficit, disent-ils, est un déficit de confiance. Ils citent l'exemple de l'Irlande, qui a connu une croissance extraordinaire au sein de l'Union européenne et qui attire chaque année plus que sa part des capitaux étrangers investis en Europe. Bon exemple, réplique Brian Main. « Mais l'Irlande est arrivée au bon moment dans l'Union. Elle a eu droit à de nombreuses aides de Bruxelles. Il n'est pas sûr que la conjoncture actuelle nous soit aussi favorable. Aujourd'hui, il y a des pays plus pauvres que nous qui cognent à la porte. »

Le SNP est d'autant plus embêté pour répondre à ces questions qu'il se positionne depuis peu à gauche du Parti travailliste. Les indépendantistes n'ont pu résister à la tentation de séduire les électeurs insatisfaits de la conversion des travaillistes aux lois du marché. Salmond se trouve donc dans l'obligation de défendre l'indépendance, qui exigerait une politique de rigueur, tout en combattant celle que pratique déjà le gouvernement de Westminster. Les réductions d'impôt de ce dernier drainent, dit-il, 1,5 milliard de dollars qui ne seront plus consacrés à la santé et à l'éducation.

Sur ce virage à gauche, Alex Salmond a une réponse toute prête : « Le SNP est un parti social-démocrate de tradition européenne. Ce n'est pas nous qui avons changé d'opinion, c'est le parti travailliste qui est en train de devenir un parti conservateur. »

Le SNP fait ses choux gras des baisses d'impôt et des

réductions de budget des écoles ou des hôpitaux. Personne en Écosse n'accepte que ces derniers soient construits par l'entreprise privée, selon une formule héritée des conservateurs et nommée *private finance initiative*.

Le « modèle écossais », disent les indépendantistes, est généralement fait de « compassion » et de « libre entreprise ». Une tradition à laquelle Margaret Thatcher avait déclaré une guerre sans merci. Le grand quotidien d'Édimbourg, *The Scotsman,* associe toujours, vingt ans plus tard, l'élection de cette *bloody woman* à la fin de l'innocence (« *the death of innocence* »). On raconte d'ailleurs dans les pubs d'Édimbourg que Tony Blair est devenu le troisième plus grand premier ministre conservateur de ce demi-siècle... après Churchill et Margaret Thatcher.

Mais, à long terme, le débat économique pourrait ne pas être le plus déterminant. Les avantages économiques que tire l'Écosse de l'Union sont de plus en plus contestés au sud, en particulier par les régions pauvres du nord de l'Angleterre. Les nouvelles méthodes de calcul adoptées à Westminster depuis 1979 et appliquées de façon de plus en plus stricte vont progressivement ramener les subventions accordées à l'Écosse au même niveau qu'ailleurs. Ce n'est qu'une question de temps, dit Brian Main. « Dans vingt ans, nous serons au niveau des autres régions. »

Les nombreux ministres écossais du cabinet travailliste sont aussi de plus en plus contestés en Angleterre. Avec un peu plus de 10 % de la population, les Écossais représentent autour de 25 % du cabinet.

Le projet indépendantiste, peu populaire dans les milieux économiques, y gagne des adeptes. Et pas seulement à cause de Sean Connery. C'est un secret de Polichinelle que Brian Souter, président de la multinationale du transport Stagecoach, contribue à la caisse du SNP. La petite entreprise, en guerre contre les dépenses somptuaires décidées à Westminster, est plus sympathique aux indépendantistes que les grandes sociétés. « Qu'avons-nous à faire de sous-marins nucléaires ? » dit Jean Urquhart, directrice d'entreprise et candidate SNP dans l'extrême nord des Highlands.

Les indépendantistes misent sur le dynamisme qui pourrait résulter de l'indépendance. Brian Main reconnaît que celle-ci pourrait relancer l'entrepreneurship aujourd'hui moins fort en Écosse que dans le reste de l'Union. Le SNP veut en particulier aller chercher les millions de dollars de la diaspora écossaise dispersée en Australie, aux États-Unis et au Canada. Mais d'ici là, il devra commencer par convaincre une population renommée pour son sens de la fête, mais aussi pour son pragmatisme.

La *West Lothian question*

À l'entrée de son appartement d'Édimbourg, Bernard Crick a accroché une plaque d'immatriculation québécoise, souvenir de l'année 1955 où il enseigna à l'Université McGill. À soixante-dix ans, ce politologue, auteur d'une biographie très remarquée de George Orwell[3], fait partie de ces Londoniens qui ont choisi de prendre leur retraite en Écosse. Une retraite qu'il passe à achever un livre sur les nations du Royaume-Uni, parmi lesquelles les Écossais ont depuis longtemps conquis le cœur et la tête de cet universitaire pince-sans-rire.

« Qu'est-ce qu'un Britannique ? » demande-t-il un sourire au coin des lèvres. Voilà la question inédite qu'aura

---

3. Bernard Crick, *George Orwell : une vie*, Paris, Seuil, 1984.

posée, dit-il, le retour d'un parlement à Édimbourg après trois cents ans d'absence. Certes, le parlement d'avant 1707 n'était qu'un club de seigneurs et d'aristocrates aux ordres du roi. N'empêche qu'en retrouvant leur assemblée les Écossais ont forcé les Britanniques à s'interroger pour la première fois sur leur identité, explique l'universitaire qui milite au sein du Parti travailliste.

Avec la montée des nationalismes écossais et gallois (beaucoup plus modéré) et le retour de l'autonomie et de la démocratie en Irlande du Nord, certains médias britanniques n'hésitent pas à parler de la Grande-Bretagne comme d'un pays en crise. « D'ici peu, les mots "Royaume-Uni" paraîtront peut-être aussi anachroniques que ceux d'"Union soviétique", tout en laissant un souvenir sûrement moins désagréable », concluait dans le *New York Times* le pourtant modéré Andrew Sullivan, un journaliste écossais qui travaille depuis quinze ans aux États-Unis.

Bernard Crick est moins alarmiste. Il est plutôt convaincu que la Grande-Bretagne devra se tourner tôt ou tard vers le fédéralisme. « La Grande-Bretagne est depuis longtemps un État multinational », dit-il. Intégrés au Royaume-Uni en 1707, les Écossais n'ont jamais douté de leur identité. Les programmes politiques britanniques les plus conservateurs parlent sans détour de la nation écossaise comme d'une réalité qui existait avant l'Union et qui pourrait bien lui survivre, explique Crick.

Le caricaturiste du *Scotsman*, un quotidien d'Édimbourg, ne dit pas autre chose lorsqu'il dessine un homme de Cro-Magnon portant le kilt et se transformant successivement en parlementaire britannique, en ouvrier du XIXe siècle, en militant socialiste, en victime de Margaret Thatcher, pour retrouver enfin les traits de son ancêtre cro-magnon. Mais, cette fois, avec un badge travailliste, un téléphone cellulaire et un drapeau écossais à la main.

« Pour Margaret Thatcher, le fédéralisme était *an F... word* [un mot obscène], dit Bernard Crick. Mais, qu'on le veuille ou non, la Grande-Bretagne se dirige vers une forme ou une autre de décentralisation. À moins que Londres ne commette de très graves erreurs, je ne crois pas que l'Écosse devienne un jour indépendante. »

Bon nombre d'Écossais et d'Anglais ne sont pas de cet avis. Pour eux, le parlement écossais a introduit un grain de sable dans les rouages politiques qui pourrait enrayer à jamais le fonctionnement du Royaume-Uni. À Londres comme à Édimbourg, on n'hésite pas à citer le Canada comme exemple de cette guerre à outrance dont l'élection du premier parlement écossais pourrait être le présage.

La Grande-Bretagne est une et indivisible, ont toujours soutenu les conservateurs, qui sont passés à deux doigts de disparaître de la carte politique écossaise en 1999. Opposés au nouveau parlement, ils ont longtemps brandi le spectre de la *tartan tax* : avec un parlement, les Écossais paieront obligatoirement plus d'impôts! Les habitants du nord de l'île partagent en effet avec leurs concitoyens du sud une allergie congénitale aux augmentations de taxes.

Ce sont pourtant des conservateurs qui avaient créé le Scottish Office. « Nous n'avons jamais été un État fédéral, dit Michael Hirst, ancien chef des conservateurs écossais. Nous sommes précisément un royaume uni. Il n'y a pas de tradition fédéraliste dans ce pays. Le Scottish Grand Committee réunissait tous les députés écossais deux fois par année et Londres tenait compte de leur volonté. C'était beaucoup mieux que de créer une nouvelle bureaucratie, et que d'élire de nouveaux députés pour faire ce qui était déjà fait à Westminster. Les députés écossais vont voter les lois relatives aux routes, à l'éducation, etc. Comment pourront-ils ensuite aller voter sur les mêmes sujets à Westminster, cette fois pour le reste du pays? Le fédéralisme est en contradiction avec le Royaume-Uni.»

Pour les conservateurs, les Britanniques devront tôt ou tard répondre à la *West Lothian question*. L'interrogation formulée pour la première fois à la fin des années 70 par le député de West Lothian est simple : pourquoi, s'ils ont un parlement à eux, les députés écossais pourraient-ils voter des lois régissant les écoles et les routes anglaises alors que les Anglais n'ont plus ce droit en Écosse? Imagine-t-on des députés québécois fermant des écoles en Ontario ou réduisant le personnel d'un hôpital à Terre-Neuve?

Le quotidien *The Scotsman*, depuis longtemps partisan de la dévolution, soutient que les députés écossais ne devraient plus voter sur les affaires anglaises. Les libéraux-démocrates vont jusqu'à proposer la création d'un parlement anglais, ce qui ferait de la Grande-Bretagne une fédération en bonne et due forme.

Où réside aujourd'hui la souveraineté? «Nous redistribuons des pouvoirs à un parlement écossais, mais, en ce qui me concerne, la souveraineté reste entre mes mains en tant que député britannique, et cela ne changera pas», a tranché Tony Blair en 1996. Quelques jours plus tard, un vieux symbole nationaliste, le bouledogue, réapparaissait dans la publicité du Labour.

En attendant, les critiques se multiplient contre les influents ministres du nord qui viennent se mêler des affaires du sud. Alors que les Anglais ne semblent pas partants pour un parlement, Bernard Crick croit qu'on pourrait remédier à la situation en créant en Angleterre des gouvernements régionaux à l'image de ceux qui existent dans de nombreux pays européens. D'ailleurs, le parlement écossais n'était pour Tony Blair que le début d'un vaste mouvement de modernisation et de décentralisation du pays. Les Gallois ont obtenu une assemblée sans pouvoir de taxation. Blair a réformé la Chambre des Lords. L'agglomération de Londres devrait un jour retrouver une administration autonome.

L'ennui, c'est que les Anglais ne comprennent pas trop ce que pourrait être l'« identité anglaise », dit Crick. Faut-il accepter le fameux « test du cricket » ? Selon ce dernier, tout partisan de l'équipe anglaise de cricket est irrémédiablement anglais ! Un sondage commandé par la BBC révélait pourtant que cette identité *(englishness)* est de moins en moins associée à des idéaux de liberté et de créativité. Les plus jeunes voient d'abord les Anglais comme les champions de la « défiance » et de la « tradition ». La plupart des jeunes interrogés parlent d'un « vacuum identitaire ».

L'identité anglaise est une identité qui refuse de s'assumer, dit Lindsay Paterson, professeur à l'Université d'Édimbourg. « Les Écossais parlent souvent de leur identité. Les Britanniques, eux, refusent d'aborder la question. » Dans *Britons*[4], Linda Colley, une historienne de la London School of Economics proche de Tony Blair, explique que l'identité britannique fut créée artificiellement pour combattre la France et son État centralisateur.

Ce n'est pas le cas du nationalisme écossais, qui a plusieurs siècles derrière lui, dit le sociologue David McCrone. « Lorsqu'en 1707 l'Écosse se joignit au Royaume-Uni, l'Union ne voulait pas dire grand-chose. Dans la vie de tous les jours, ce qui importait, c'étaient la religion, l'éducation, la tradition juridique, des domaines où l'Écosse a conservé toutes ses institutions. Les choses se sont mises à changer lorsque les Britanniques ont voulu contrôler la société. En cent ans, le Scottish Office est devenu un vrai

---

4. Linda Colley, *Britons : Forging the Nation*, New Haven, Yale University Press, 1992.

gouvernement intervenant dans tous les aspects de la vie des Écossais. »

Le nouveau parlement parviendra-t-il à apaiser les plus nationalistes ? L'autre grand sujet de discorde qui ne tardera pas à éclater concerne les compétences restreintes de la nouvelle assemblée. Elles ont été dessinées sur mesure afin de provoquer « une rancœur permanente », écrivait George Rosie dans *The New Statesman*. Les députés indépendantistes n'étaient pas encore élus qu'ils réclamaient déjà plus de pouvoir. Leur chef, Alex Salmond, accuse périodiquement les travaillistes de prendre leurs ordres de la Tour Millbanks, siège national du parti à Londres.

Il faut savoir que le parlement écossais n'a que des compétences partagées et un pouvoir de taxation réduit à sa plus simple expression. Toute réduction de budget votée à Westminster a un effet immédiat sur les écoles ou les hôpitaux écossais. Les nouveaux élus n'ont aucun pouvoir de décision sur les centrales nucléaires, les ressources naturelles (eau, gaz, électricité, pétrole, charbon), les drogues, la protection des consommateurs, les transports, l'avortement et la télévision. La loi créant le parlement écossais stipule même que rien dans celui-ci ne doit limiter le pouvoir de Westminster de « faire des lois pour l'Écosse ».

La guérilla constitutionnelle qui s'annonce faisait écrire à Kevin Toolis, dans le *Guardian,* que « quelque chose ne va plus dans l'Union ». Pour ceux qui pensent comme lui, la création du parlement ouvre une ère d'affrontements aux conséquences imprévisibles.

« Il y a vingt ans, on me prenait pour un excentrique parce que je parlais des quatre nations qui composent le Royaume-Uni. Aujourd'hui, les choses ont bien changé. C'est devenu une évidence », dit Bernard Crick. Une évidence qui, étrangement, n'existe plus au Canada où aucun dirigeant politique n'ose plus utiliser ce vocabulaire depuis un quart de siècle. La Grande-Bretagne emprunterait donc une direction contraire à celle du Canada ? L'universitaire s'interroge, se souvenant pourtant de cette époque où les premiers ministres canadiens ne craignaient pas de parler des « deux nations » fondatrices. Le Québec est « une nation au sein d'une nation », avait osé dire l'ancien premier ministre Lester B. Pearson, me rappelle le vieux professeur.

Mais le Canada et l'Écosse ont peut-être une différence encore plus fondamentale. Les Britanniques discutent de toutes ces questions avec un détachement surprenant. Et surtout, avec un humour qui n'existe pas ailleurs. D'ailleurs, si le débat canadien ne passionne plus les romanciers depuis belle lurette, le débat constitutionnel britannique en a au moins inspiré un. En 1999, Bruce Leeming a écrit le récit d'une liaison tumultueuse entre un journaliste écossais indépendantiste et une jeune femme moins portée sur le patriotisme. Quelles que soient les qualités littéraires du livre, son titre avait le mérite de résumer le défi que pose dorénavant l'Écosse au Royaume-Uni : *Now You Must Dance* (Eh bien, dansez maintenant !)[5].

* * *

Le Québécois qui débarque à Édimbourg a immédiatement le sentiment d'être chez lui. Il suffit de quelques heures pour reconnaître des habitudes et des traditions que les Écossais ont introduites au Québec et au Canada

---

5. Bruce Leeming, *Now You Must Dance*, Édimbourg, Scottish Cultural Press, 1997.

depuis deux siècles. C'est sans compter le faible des Écossais pour la culture française. Un penchant qui leur a servi à affirmer leur différence et qui explique probablement que Robert Lepage et Michel Tremblay y soient joués plus souvent qu'à Toronto.

Outre leurs traditions démocratiques de type britannique, le Québec et l'Écosse ont un autre point commun : la majorité qui les entoure a l'étonnante capacité de ne pas se considérer elle-même comme une nation. Anglais et Canadiens (anglais) répugnent à se percevoir comme des peuples distincts et préfèrent s'identifier à des ensembles plus grands : le Royaume-Uni pour les premiers, le Canada pour les seconds. Il faut dire qu'il n'y a pas si longtemps les deux peuples n'en formaient qu'un et que leurs citoyens aimaient se dire citoyens du monde... c'est-à-dire de l'Empire. Le Canada fut l'un des derniers membres du royaume à prendre ses distances et à accepter de devenir une entité distincte. Aujourd'hui encore la loyauté des Canadiens envers la reine, leur fascination pour la gouverneure générale et son époux, tranchent avec le républicanisme des Australiens ou des Irlandais, par exemple.

On pourrait presque dire que c'est l'effondrement de l'empire qui a progressivement contraint Canadiens et Anglais à accepter de s'identifier à des ensembles plus petits. Un effondrement parfois vécu difficilement ; les nations qui ont la force du nombre ayant une étonnante propension à se considérer comme seuls porteurs des grandes valeurs universelles. Placées toutes deux devant l'émergence d'un mouvement national, voilà que ces nations majoritaires s'interrogent soudain sur leur propre identité. Ce questionnement en forme de crise d'identité pourrait demain dessiner le nouveau paysage britannique.

Slovénie

Le pays oublié

    Avant mon premier voyage, j'avais imaginé le pays de Tintin inventé par Hergé et nommé ironiquement Syldavie. J'avais mis en scène des vallées encaissées et des habitants un peu frustes portant de grandes moustaches. Quelle ne fut pas ma surprise de découvrir des Italiens du Nord férus de musique classique, de design, de ski et qui parlent toutes les langues européennes.

    Ni vraiment à l'Est ni tout à fait à l'Ouest, pas du tout au Nord et pas vraiment dans le Sud, à deux pas de la côte méditerranéenne mais au milieu des montagnes, la Slovénie est l'un des rares coins d'Europe que personne n'arrivait à situer sur une carte il y a quelques années à peine. Entre l'Italie, l'Autriche, la Hongrie et la Croatie, le pays est coincé dans une crevasse des Alpes oubliée des géographes mais traversée depuis peu par l'Histoire.

    Si le parlement européen ou le Conseil européen se

cherchait une nouvelle capitale, Ljubljana serait toute désignée pour remplacer Strasbourg ou Bruxelles tant elle est au confluent des grandes influences culturelles qui ont forgé l'Europe. Le protestantisme et le catholicisme s'y rencontrent. L'islam et les Slaves ont frôlé ses portes. Napoléon lui a donné son premier goût de liberté. Les militants des droits de l'homme ont fait le reste. Mais encore faudrait-il que la Slovénie soit membre de l'Union européenne.

En 1991, c'est ce petit pays de 20 000 kilomètres carrés et 2 millions d'habitants dont l'écrivain Milan Kundera avait pris la défense dans *Le Monde* :

« J'entends jour après jour parler du danger de balkanisation. Mais qu'est-ce que la Slovénie a donc à voir avec les Balkans ? Voilà un pays européen, voisin de l'Italie. Trieste est en partie une ville slovène : James Joyce le savait parfaitement. C'est un pays catholique qui fit longtemps partie de l'empire austro-hongrois, un pays où l'idée de l'Europe centrale est prise plus au sérieux que partout ailleurs[1]. »

Pourtant, lorsque le haut commandement de l'OTAN a invité pour la première fois les anciens pays communistes à participer à une initiative pour la paix, il a tout simplement oublié la Slovénie. Il a fallu que son président d'alors, Milan Kucan, rappelle aux généraux de Bruxelles que la Slovénie était le plus occidental des pays de l'Est et qu'elle était d'autant plus intéressée à se joindre à l'OTAN qu'elle n'avait jamais fait partie du Pacte de Varsovie, contrairement à la Pologne et à la République tchèque. L'indifférence est « fondée sur l'ignorance » avait noté Milan Kundera dans le texte cité plus haut.

---

1. Milan Kundera, « Il faut sauver la Slovénie », *Le Monde*, 2 juillet 1991, p. 4.

La plus petite république de l'ancienne Yougoslavie fut la première à proclamer son indépendance en juin 1991 après huit jours de combat symboliques entre une armée serbe peu déterminée et des milices populaires slovènes qui avaient eu l'intelligence d'investir à l'avance tous les dépôts d'armes du pays.

Lorsque, le 23 décembre 1990, 88,2 % du million et demi d'électeurs slovènes ont répondu oui à la question « Voulez-vous que la Slovénie devienne un État autonome et indépendant ? », les dirigeants du pays se disaient convaincus que le vote ne conduirait « pas nécessairement » à la sécession. Première à rompre avec le socialisme autogestionnaire yougoslave, la Slovénie avait quitté le congrès extraordinaire de la Ligue des communistes dès janvier 1990. En avril 1990, elle fut la première des six républiques yougoslaves à organiser des élections libres après un demi-siècle de monopartisme. L'opposition, regroupée sous le sigle Demos, avait remporté cette première consultation en promettant de renforcer la souveraineté de la république, qui devait dorénavant suivre sa propre voie de développement. Un signe ne trompait pas, deux mois avant le référendum, la Slovénie avait ouvert un bureau de liaison à Washington chargé de défendre ses intérêts politiques, économiques et culturels aux États-Unis.

S'ils s'en sont si bien tirés, c'est que les Slovènes n'avaient à peu près pas de minorité serbe sur leur territoire et que les Serbes avaient assez à faire avec la Croatie, la Bosnie et le Kosovo. À deux pas des tensions croates, du drame bosniaque et du martyre du Kosovo, le pays a réussi avec succès depuis à se faire oublier du monde. C'était pour mieux regarder vers l'Europe occidentale, explique Dimitri Rupel. « Il n'y a personne en Slovénie pour remettre en question l'indépendance. Elle nous a permis d'éviter la guerre. Et lorsque celle-ci sera définitivement oubliée, la Slovénie sera peut-être le seul exemple à suivre, le seul modèle de développement viable pour les pays de la région. »

Dimitri Rupel fut l'un des fondateurs de *Nova Revia*, la principale revue d'opposition des intellectuels slovènes, à l'époque yougoslave. Avant de devenir ministre des Affaires étrangères, il était premier ministre quand la Slovénie a proclamé son indépendance. « Je suis allé jusqu'en Chine pour faire reconnaître mon pays. Les gens ne savaient même pas où nous situer sur une carte. À cause de la guerre en Croatie, il a fallu attendre jusqu'en avril 1992 pour que l'Union européenne nous reconnaisse. »

Les Slovènes n'ont jamais vraiment compris comment ils sont devenus indépendants. « Lorsque j'étais directeur de *Nova Revia*, nous étions très sceptiques à l'égard de la séparation. Il était question de démocratisation, mais toujours dans le cadre d'une confédération yougoslave. Si les Serbes n'avaient pas fait ce qu'ils ont fait, s'ils n'avaient pas brisé du jour au lendemain toutes les règles, je ne crois pas que nous serions indépendants aujourd'hui. »

Depuis des années, le nationalisme slovène n'était assimilé qu'à un mouvement culturel. Tout au plus avait-il pris un peu plus d'importance dans les années 80. « En pratique, les Serbes ne nous ont pas laissé d'autre choix, dit Dimitri Rupel. Si nous étions restés en Yougoslavie, nous serions aujourd'hui en train de nous battre en Bosnie ou au Kosovo. »

Les dirigeants slovènes font tout pour faire oublier leur passé yougoslave. Le nouveau discours officiel laisse même entendre que l'indépendance slovène était inscrite dans l'histoire. C'est faux, lance Peter Vodopivec, professeur d'histoire à la Faculté de philosophie de Ljubljana. « Cette mythologie est le résultat de l'indépendance. Elle a été inventée après coup. Dans un de mes livres, j'ai montré que les Slovènes ont toujours cherché à vivre dans un cadre plus large avec leurs voisins. Le premier véritable programme politique indépendantiste n'a été formulé qu'en 1988. Et encore s'agissait-il d'indépendance dans le cadre d'une confédération yougoslave. De petits groupes catholiques ont bien parlé d'indépendance pendant la Seconde Guerre mondiale, mais ils ont toujours fini par se rallier à l'idée d'une confédération plus large. Aujourd'hui, c'est comme si tout le monde avait toujours été indépendantiste et personne n'avait jamais été… communiste. »

Ce qui ne veut pas dire que les Slovènes aient toujours été contents de leur sort. Sous les Habsbourgs, le territoire slovène était divisé en plusieurs provinces. Les Slovènes n'avaient pas la majorité. Ils réclamaient une région administrative autonome. La constitution yougoslave de 1921 était plus ou moins une imitation de la constitution française. À nouveau, les territoires slovènes se retrouvaient divisés, à cheval sur plusieurs départements. Ce n'est qu'avec la constitution de la république de Slovénie au sein de la fédération yougoslave, en 1935, que le pays est devenu une unité administrative distincte. « Mais les réjouissances n'ont pas duré longtemps, car tous les ordres venaient du Parti communiste. »

Pas besoin de dire qu'ici la démocratie n'est pas une tradition ancrée. Dans la famille de Peter Vodopivec, seul son grand-père a eu la chance de participer à une élection démocratique, en 1927. Ses parents n'ont jamais eu ce bonheur. Ils devaient voter pour les listes du Parti. Lui-même n'a voté pour la première fois qu'en 1990. Il avait quarante-huit ans.

Le professeur ne comprend toujours pas quelles forces obscures ont fait littéralement exploser la Yougoslavie. Avec la montée du nationalisme serbe à la fin des années 80, ses collègues de Belgrade, souvent des intellectuels renommés, se sont mis à délirer. Certains imaginaient une machination allemande contre la Serbie. D'autres étaient convaincus que le Vatican complotait contre l'orthodoxie. « Des gens très sérieux, admiratifs de la culture islamique et musulmane, m'expliquaient soudain qu'une conjuration islamiste menaçait la Serbie et Belgrade. Les intellectuels serbes se sont laissé saouler par l'euphorie nationaliste, contrairement aux intellectuels croates, qui sont demeurés relativement critiques à l'égard du nationalisme exacerbé de leurs dirigeants. »

Vodopivec croit que les Slovènes ont toujours été attachés à la Yougoslavie et que, sans le triomphe des nationalistes extrémistes de Milosevic à Belgrade, ils le seraient toujours. Pour contrecarrer la vague de nationalisme de Milosevic, les Slovènes furent les premiers, dès 1989, à soutenir la cause des Albanais du Kosovo et des mineurs en grève de Trepca, qui s'étaient retranchés au fond des puits et refusaient de se nourrir.

Le jour où l'armée serbe est entrée en Slovénie, Vodopivec allait chercher sa fille en train. À 50 kilomètres de Ljubljana, il a dû sortir et se cacher dans la forêt. « Nous étions dans les collines de l'autre côté d'une route bloquée par des militaires. Trois avions ont mitraillé des gens. C'était irréel. Pour moi, c'en était fini de la Yougoslavie. »

L'indépendance à toute vapeur

« Tout s'est passé tellement vite », dit l'ingénieur Janez Levec, dans le train Munich-Ljubljana qui suffoque en gravissant les Alpes juliennes. Le douanier estampille les passeports avec l'emblème de la jeune république : le Triglav, le plus haut sommet slovène. « Je n'aurais jamais cru que nous en arriverions là. Les Slovènes voulaient réformer la Yougoslavie. Je croyais que le référendum sur l'indépendance servirait à créer une nouvelle confédération aux liens assez lâches, une sorte de… fédéralisme asymétrique. »

L'indépendance s'est faite sans tambour ni trompette. Plutôt sur les airs de jazz de Paolo Conte que serinent les cafés de la rue Titova rebaptisée rue de Vienne. Le 15 janvier 1992, jour de la reconnaissance de la Slovénie par une trentaine de pays, il n'y eut ni fête, ni manifestation, ni défilé sous les drapeaux. Les étudiants allumèrent des bougies au pied de la statue du poète national France Preseren et discutèrent jusqu'au petit matin dans les bars de la vieille ville.

Blanka Knez, assistante médicale de la Croix-Rouge, a arpenté les rues de sa nouvelle capitale toute la soirée. « Nous sommes très pragmatiques, dit-elle. Nous savions que l'indépendance nous serait profitable sur le plan économique. Les Slovènes ont toujours travaillé fort. »

Avec 8 % de la population, 15 % du revenu national, 18 % de la production totale et 27 % des exportations, les Slovènes étaient les plus riches citoyens de l'ex-Yougoslavie, fournissant 20 % du budget de Belgrade. Depuis longtemps, le commerce, l'industrie et le tourisme y étaient florissants. Bien avant l'indépendance, un réseau de PME dynamiques exportait jusqu'à 60 % de sa production, ce qui permettait à la Slovénie de connaître un taux de chômage proche de celui de la Suisse. Les Slovènes ont donc été les premiers à réclamer la libre entreprise et une réforme démocratique.

La petite Slovénie a aujourd'hui l'une des monnaies les plus fortes d'Europe centrale. La croissance de son PNB est parmi les meilleures avec celles de la Pologne et de la

République tchèque. Certes, le commerce avec les anciennes républiques yougoslaves a chuté, mais il a été remplacé par les échanges avec l'Allemagne, l'Autriche et l'Italie. L'Allemagne absorbe à elle seule le tiers des exportations de ce petit pays alpin. Un accord de coopération avec l'Union européenne a été signé en avril 1993 et les relations avec l'Italie, longtemps brouillées à cause d'un litige frontalier, sont au beau fixe. De même, la Slovénie est partie prenante de l'accord de Visegrad, qui établissait en 1994 une zone de libre-échange entre les premiers candidats à l'élargissement de l'Union européenne : la Slovaquie, la République tchèque, la Hongrie et la Pologne.

Bien sûr, les Slovènes n'ont pas encore récolté tous les fruits de cette prospérité économique. Comme tous les autres pays de l'Est, ils ont traversé une sérieuse crise postpartum. Mais la privatisation des entreprises slovènes a posé des problèmes différents de ceux de la plupart des ex-pays socialistes. En Yougoslavie, les sociétés étaient à « capital social », non pas propriété de l'État, mais des employés. Ainsi, les conseils ouvriers jouaient-ils un rôle essentiel dans leur gestion. Un rôle que la privatisation et la situation économique difficile ont fait disparaître. Néanmoins, 40 % du capital des entreprises d'État a été distribué gratuitement aux citoyens. Le reste a été vendu sur le marché.

« Nous agissions depuis longtemps comme un État indépendant », dit Ivo Vajgl, ancien porte-parole du ministère des Affaires étrangères yougoslave. L'État slovène possédait déjà plusieurs caractéristiques d'un État indépendant : service postal, milice, chemin de fer ; même le passeport émis à Belgrade indiquait la nationalité slovène. Sans compter les accords sur les importations signés avec l'Autriche et l'Italie. Au lendemain de l'indépendance, il y eut moins de 1 000 employés fédéraux à reclasser. Le nombre des fonctionnaires n'a augmenté que de 10 %.

L'indépendance a été menée rondement. Les Slovènes ne se sont d'ailleurs jamais gênés pour reprocher à leurs voisins croates leur manque de préparation. Un comité étudiait depuis quatre ans la manière de se conformer aux nouvelles réglementations du marché commun européen. Des dizaines de rapports avaient discuté des conséquences économiques. Le ministère des Finances avait fait imprimer des billets de banque temporaires (sans nom), avant même que le parlement choisisse le nom de la nouvelle unité monétaire (le tolar). Le gouvernement Kucan, pourtant farci de poètes et d'intellectuels, a chargé le gourou de Harvard, Jeffrey Sachs, de planifier les privatisations.

Ensuite, tout a été à la vitesse du fax, qui fut pendant des mois le seul moyen de communication par écrit avec l'étranger, le courrier international passant par Belgrade. Reconnue depuis deux semaines seulement, la Slovénie envoyait des athlètes aux Jeux olympiques d'Albertville et y ouvrait une maison de la Slovénie. « L'indépendance a agi comme une décharge électrique salutaire », dit Zivko Pregl, qui a présidé à la libéralisation de l'économie.

Dans ce pays où les rancunes sont tenaces, il a tout de même fallu des mois pour apaiser les tensions ethniques. « Il y a eu des réactions de chauvinisme », explique Anton Stres, provincial de la congrégation de Saint-Vincent-de-Paul, engagé depuis longtemps dans le mouvement démocratique et nationaliste. La situation fut suffisamment tendue après le référendum pour que l'épiscopat se porte à la défense des Serbes vivant en Slovénie. « Les Slovènes ont soudain découvert qu'une nation moderne ne doit pas être basée sur la race », dit Denis Mooch, qui était alors directeur du Centre culturel français de Ljubljana.

Pour gagner les minorités italienne (3 000 personnes) et hongroise (8 000) à sa cause, le gouvernement leur a garanti dans la nouvelle constitution le droit à l'éducation dans leur langue, un nombre de députés fixe au parlement (même en cas de baisse des populations) et un veto sur toutes les questions qui les concernent, explique Janez Dular, ex-ministre de l'Immigration. « Le respect des minorités est en train de devenir un critère universel de reconnaissance de nouveaux États », dit l'ancien ambassadeur allemand à Ljubljana, Gunther Seibert.

Rempart européen contre l'invasion turque pendant des siècles, la Slovénie n'a jamais estimé faire partie des Balkans. Si les plus vieux ont parfois la nostalgie d'un pays qui faisait le pont entre la Grèce et l'Italie, les jeunes ne regrettent rien. Il n'y a pas plus cosmopolite que la jeunesse qui danse jusqu'au petit matin dans la discothèque de l'hôtel Turist. « Je n'ai jamais été nationaliste », dit Alenka Koprisek, vingt-huit ans, directrice de théâtre et comédienne. Elle a étudié un an à Paris et prépare une tournée européenne. « Le folklore ne me dit pas grand-chose. Mais je pense que l'indépendance était devenue une nécessité. Il y a encore des choses qui vont mal, mais au moins, aujourd'hui, on ne peut plus en rejeter la responsabilité sur les autres. »

Le pays dont le prince est un poète

Un journaliste rencontré dans un café du centre-ville comparait l'atmosphère de Ljubljana pendant la guerre de Yougoslavie à celle de Casablanca pendant la Seconde Guerre mondiale. Depuis le début du conflit qui a tour à tour ravagé la Croatie, la Bosnie et le Kosovo, on afflue de partout vers la capitale slovène. Les affrontements sont à deux pas, ce qui n'empêche pas les habitants de vivre relativement bien, et même dans un certain luxe. La ville cultive un petit air suranné avec cette impression tenace d'être au bord du gouffre. Dans les soirées du Centre culturel français par exemple, on joue Debussy au piano pendant qu'une jeune soprano en robe longue y va de quelques vocalises. « Oui, il s'agit bien de Casablanca », dit Boris Novak à qui les dernières années inspirent parfois le vertige. « Depuis peu, nous avons perdu l'illusion de pouvoir entièrement contrôler notre destin. J'ai parfois la sensation d'être porté par une vague qui nous jette contre un rocher. »

Sur sa carte de visite, on peut lire : « Boris A. Novak, poète »! Ce qui surprend le Nord-Américain n'étonne en rien les Slovènes, qui vouent une admiration sans borne à leurs écrivains. Même la France, où le moindre gratte-papier est une vedette des médias, n'atteint pas ce degré de vénération pour la poésie, d'ailleurs qualifiée ici la plupart du temps de nationale.

S'il est vrai que pour fonder une nation il suffit d'un drame historique et d'un groupe de poètes pour le mettre en scène, la Slovénie ne manque ni de l'un ni des autres. La statue du plus grand de ces versificateurs, France Preseren, trône au cœur de Ljubljana, à l'angle des rues Miklosiceva et Copova, devant un étonnant pont baroque qui tend ses trois passerelles au-dessus de la Ljubljanica. Le poète national est célébré dans les livres d'école comme à la télévision. Tous les Slovènes connaissent quelques strophes de ce héros dont ils fêtent chaque année l'anniversaire devenu jour férié.

Symbole de l'éveil national, pour un peuple dont la langue n'a été enseignée qu'à la fin du XVIIIe siècle, Preseren a commencé à écrire en allemand avant de consacrer sa vie au slovène, parlé par à peine un million de personnes à l'époque. Avec le temps, ses nombreux démêlés avec les autorités se sont transformés en faits d'armes patriotiques.

Les historiens sérieux vous diront pourtant que si le poète s'est retrouvé plus souvent qu'à son tour devant les tribunaux et si on lui a même interdit de pratiquer le droit, ce n'était pas par nationalisme mais pour ivresse. Peu de Slovènes savent en effet que Preseren a bu à peu près autant qu'il a écrit. Les légendes nationales ne s'accommodent pas toujours de la vérité historique. Longtemps conjuguée au mode communiste, la voilà reprise sur celui du nationalisme.

Qu'importe, un séjour à Ljubljana commence obligatoirement devant la statue du grand poète et se poursuit avec un passage à la Maison des écrivains. Dans ce manoir aux pièces vides et aux plafonds immenses s'activent des secrétaires en vêtements gris qui circulent entre des piles de documents posés sur le sol. C'est là que Boris Novak, président du Pen Club slovaque, m'a donné rendez-vous.

Les Slovènes ont en commun avec les Québécois leur vénération pour la langue, m'explique-t-il devant un café turc. Celle-ci a toujours constitué le fondement de leurs revendications nationales. Plusieurs croient en effet que sans cette langue complexe dont la grammaire est issue directement du latin, les Slovènes ne seraient guère différents de leurs voisins autrichiens. D'où cet acharnement à éliminer de leur vocabulaire tous les mots allemands. Une manie qui ressemble à s'y méprendre à la chasse aux anglicismes qu'affectionnent tant les Québécois. Sauf qu'au lieu de parler une langue internationale, comme le français ou l'allemand, les Slovènes pratiquent un idiome complexe connu en tout et pour tout par deux millions de personnes à travers le monde.

Il faut écouter le poète expliquer les subtilités de la grammaire slovène. Cette langue a conservé le « dual », un genre ancien situé entre le singulier et le pluriel qui ne s'applique qu'aux situations mettant en scène deux personnes ou deux choses (je parle : *govorim* ; nous parlons à plus de deux : *govorimo* ; nous parlons tous deux : *govoriva*). Il faut l'entendre vanter son utilisation dans la poésie érotique où il suffit à suggérer la présence d'un couple et à créer « une île d'intimité ».

Boris Novak est un fou de versification. Traducteur de Stéphane Mallarmé et de Paul Valéry, il parle un français à faire rougir tous les hommes politiques d'Ottawa. C'est dans la Maison des écrivains, m'explique-t-il, qu'ont été fondés tous les partis démocrates slovènes qui siègent aujourd'hui à quelques rues de là, dans l'immeuble art déco qui abrite l'Assemblée nationale. Même le brouillon de la constitution y a été rédigé par des écrivains membres. « Je suppose que dans d'autres pays on serait plutôt allé chercher des juristes. » Bon nombre des nouveaux députés sont d'anciens professeurs de littérature ou d'ex-directeurs de revues littéraires. Ils ont tous un point commun, précise Novak, c'est qu'aucun d'entre eux n'était indépendantiste avant le déclenchement des hostilités entre Serbes et Slovènes en 1991. Comment expliquer ce paradoxe ?

« Pour des raisons historiques, les Slovènes n'ont jamais été en position de combattre avec les armes pour leur identité nationale. Cette lutte s'est donc organisée dans le champ culturel. C'est la raison pour laquelle les écrivains, surtout les poètes, ont joué un rôle si important. L'histoire slovène n'aime pas les ruptures. Au début du XIXe siècle, les Slovènes ont profité de l'occupation napoléonienne pour faire reconnaître officiellement leur langue. Lors de la création de la Yougoslavie moderne, en 1945, ils obtenaient un gouvernement autonome avec presque tous les pouvoirs d'un État indépendant, incluant le droit de sécession ! Après la Seconde Guerre mondiale, la lutte nationale s'est combinée avec la lutte pour la démocratie. Dans les années 60, la Slovénie comptait plus d'écrivains en prison que n'importe quelle autre république de Yougoslavie. Elle a été dès les années 70 la région la plus libérale de Yougoslavie. Dans les années 80, le Pen Club slovène a été au centre de la dissidence avec les revues *Mladina* et *Nova Revia*. Pendant vingt ans, les intellectuels vont tranquillement grignoter de petits bouts de liberté. Le mur de Berlin n'est pas tombé tout seul. »

Tout au long de mon séjour en Slovénie, écrivains, députés, hommes d'affaires et simples fonctionnaires m'expliqueront tous la même chose. L'indépendance de la Slovénie ne fut pas vraiment le résultat d'un fort mouvement d'émancipation nationale, mais un concours de circonstances qui a fait se croiser le désir d'émancipation culturelle caressé par les intellectuels et l'éclatement de la fédération.

Sans ces ingrédients, il n'y aurait jamais eu d'indépendance slovène. En fait, les Slovènes, souvent nostalgiques de l'empire austro-hongrois, cherchaient à constituer une confédération. « La Slovénie a été poussée vers l'indépendance à cause de la bêtise des autorités yougoslaves », dit Novak. Au début des années 80, Belgrade a réformé les programmes scolaires et fait purement et simplement disparaître l'enseignement de l'histoire littéraire slovène. Les programmes se décidaient dorénavant à Belgrade. « Les Slovènes se sont révoltés parce que le gouvernement s'en prenait à la langue et voulait supprimer toutes les différences culturelles. Ensuite, l'opposition s'est élargie avec l'intervention serbe au Kosovo. La Slovénie voulait une confédération ou une fédération asymétrique. Il était évident que les niveaux de développement politique, culturel, économique des régions de l'ancienne Yougoslavie étaient trop inégaux pour que puisse être menée une politique générale commune. »

Boris Novak est né à Belgrade et y a vécu quinze ans. Il

y a toujours des amis et de la famille. « Malheureusement, la Yougoslavie s'est transformée en machine infernale. Elle formait pourtant une mosaïque, un collage extraordinaire où il faisait bon vivre. Il y avait en elle quelque chose de l'Autriche-Hongrie. Il serait normal qu'un jour les liens économiques et culturels se renouent. Mais pas les liens politiques. Nous nous retrouverons dans un cadre plus large, celui de l'Europe. »

Le malentendu yougoslave

Pour lever un peu le voile sur cette « machine infernale » dont parlait Boris Novak, il me fallut bizarrement retraverser les Alpes. De Ljubljana, il suffit d'une heure d'avion pour se retrouver à Avignon et changer de continent. De petites heures qui, additionnées, représentent pourtant une grande partie de la vie de Paul Garde, un universitaire de soixante-treize ans qui a passé sa vie à fréquenter les nations de l'ancienne Yougoslavie.

Quarante-cinq ans plus tard, l'auteur de *Vie et Mort de la Yougoslavie*[2] est toujours aussi désarmé devant l'incompréhension manifeste des pays occidentaux à l'égard du problème yougoslave. Une incompréhension qui tient selon lui à cette difficulté qu'ont notamment les Américains et les Français à comprendre les nationalismes et leur dynamique propre.

Ce professeur de l'Université d'Aix-en-Provence n'a jamais cru à la Yougoslavie, à une époque où elle était pourtant citée en exemple partout pour sa mosaïque

---

2. Paul Garde, *Vie et Mort de la Yougoslavie*, Paris, Fayard, 1992.

ethnique et son socialisme à « visage humain ». Jeune universitaire passionné pour les langues slaves, il a choisi de s'y intéresser parce que ce pays était le seul du bloc de l'Est où l'on pouvait se rendre librement à l'époque. En débarquant à Ljubljana, à Zagreb et à Belgrade dès 1951, il a vite découvert que « les Slovènes ne s'intéressaient qu'à la Slovénie, les Croates à la Croatie et les Serbes à la Serbie. J'ai immédiatement compris que la Yougoslavie était un immense malentendu, qu'elle représentait pour les Slovènes la réunion de plusieurs peuples égaux alors qu'elle n'était pour les Serbes que l'équivalent de la grande Serbie. »

Paul Garde a beau être spécialiste, les déportations massives qui se sont produites au Kosovo en 1999 l'ont pris au dépourvu. « J'ai été surpris par leur ampleur, leur caractère méthodique et leur organisation. Il y a bien sûr la violence balkanique traditionnelle. Mais il y a plus. En 1937, un académicien serbe a écrit un livre intitulé *De l'exclusion des Albanais* dans lequel il disait : si Hitler se débarrasse des Juifs, si Staline déporte des peuples entiers, les Serbes doivent faire la même chose avec les Albanais. Les méthodes qu'il évoquait étaient artisanales. Aujourd'hui, la purification ethnique est planifiée et exécutée de façon méthodique avec tous les moyens modernes. Ça, c'est l'héritage du nazisme et du stalinisme. »

Le nationalisme est dans les Balkans un sentiment dont personne n'est complètement exempt, précise Paul Garde. « D'ailleurs, Slobodan Milosevic n'est pas d'abord un nationaliste, c'est un apparatchik communiste, un opportuniste, un réaliste. Arrivé au pouvoir comme secrétaire général de la Ligue des communistes de Serbie en même temps que Gorbatchev, il s'est vite aperçu que le communisme n'avait plus d'avenir et que le nationalisme était la seule force sur laquelle il pouvait s'appuyer. Je ne veux pas dire qu'il n'ait pas de penchants nationalistes, tout le monde en a, mais ce n'est pas la donnée fondamentale. De tous les communistes qui étaient au pouvoir en 1986, Milosevic est le seul qui y soit encore.»

Comment expliquer, à cette époque, la cruelle absence d'opposition en Serbie, où même l'ancien leader démocrate Vuk Draskovic a été ministre du gouvernement ? « Milosevic sait d'autant plus faire jouer le ressort nationaliste qu'il est maître de l'appareil de propagande. Celle-ci dure depuis quinze ans. Dans les années 80, j'ai lu des centaines de pages délirantes. Les Serbes en sont abreuvés, en Serbie mais aussi en France et au Canada.»

Car le nationalisme serbe se confond souvent avec la religion. Les Serbes trouvent même le moyen d'être peu fervents sur le plan personnel tout en accordant une grande importance aux symboles religieux. « On disait qu'il y avait en Bosnie des athées orthodoxes, catholiques et musulmans. La Serbie était sous Tito un pays complètement déchristianisé. Il y avait très peu de gens baptisés, mais ils étaient en même temps attachés à l'orthodoxie en tant que signe les distinguant des catholiques croates ou des musulmans bosniaques et albanais. Regardez les ecclésiastiques serbes, ils sont toujours en grand apparat. C'est ce qui compte le plus.»

Un cardinal qui, en guise de protestation, se présenta un jour en civil à une cérémonie patriotique présidée par le président croate Franjo Tujman fit scandale. La littérature religieuse orthodoxe parle plus de la bataille du Kosovo, perdue en 1389 par les Serbes aux mains des Musulmans, que de la résurrection du Christ. Cette bataille, où le prince serbe Lazar et le sultan turc ont tous deux été tués, est le thème de nombreuses chansons épiques recueillies à partir du XVIIIe et du XIXe siècle. Tous les Serbes les savent par cœur. Des légendes à connotation religieuse y sont attachées. L'une d'elles raconte que le prince Lazar eut à choisir entre un royaume terrestre et un royaume céleste. On parle depuis de la Serbie céleste…

Ainsi, le 28 juin est la date de tous les anniversaires. Celui de la bataille du Kosovo (1389), celui de l'assassinat de l'archiduc François-Ferdinand à Sarajevo (1914), celui de la rupture entre Tito et Staline (1948), celui du grand rassemblement nationaliste autour de Milosevic précédant la suppression de l'autonomie du Kosovo (1989), qui déclenchera l'indépendance des provinces slovène et croate, et même celui de la visite de François Mitterrand à Sarajevo (1992).

Selon Paul Garde, le nationalisme albanais peut être lui aussi très intransigeant. Il serait même, en un sens, plus fermé que celui des Serbes. « Son discours est plus monolithique, moins passionnel. Les Albanais sont moins habitués que les Serbes à l'expression et à la discussion avec l'étranger. […] Si le nationalisme serbe, et croate, s'est cristallisé autour de l'appartenance confessionnelle, chez les Albanais, il s'est cristallisé autour de la langue. Lorsqu'on demande aux Albanais quelle est leur religion, certains répondent : "Je suis albanais." Le nationalisme albanais, né au XXe siècle, a effacé les différences confessionnelles. »

Ce nationalisme n'a pas toujours rendu la vie facile aux Serbes, en minorité au Kosovo depuis le XVIIe siècle. À cause surtout de l'explosion de la natalité, la proportion d'Albanais est passée des deux tiers, en 1945, à 90 % aujourd'hui. « Bien entendu, les Serbes ont été victimes de brimades. Il n'y a jamais eu beaucoup de voisinage. Les Serbes isolés à la campagne n'étaient pas à leur aise. Les tentatives serbes de repeuplement du Kosovo ont toujours échoué — les Serbes n'ayant aucune envie de s'installer dans un pays où ils ont eu des tas de problèmes. Il y a eu au contraire immigration vers la Serbie. […] Mais ces exemples réels ont été amplifiés par la propagande. Dans les années 80, les Serbes parlaient d'un génocide. Quand on y regarde de plus près, on découvre quatre assassinats en dix ans, un chiffre qui ferait l'envie de bien des villes d'Amérique du Nord. »

Parmi les nationalistes albanais, certains dirigeants défendent toujours le rattachement à l'Albanie. Cette idée aurait peu de prise sur la réalité, dit Paul Garde, pour qui les différences entre les Albanais du Kosovo et ceux d'Albanie sont importantes. « C'est vraiment deux mondes. Longtemps les Kosovars ont regardé de haut leurs frères d'Albanie. D'abord, ils étaient presque aussi nombreux qu'eux — 2 millions contre 3,5 millions. Ils émigraient depuis longtemps, faisaient leurs études à l'étranger, connaissaient la liberté religieuse, un commencement d'économie de marché et leur niveau de vie était plus élevé, même si c'était la région la plus pauvre de Yougoslavie. »

Mais s'il y a une chose qui n'est plus discutée au Kosovo depuis près de dix ans, c'est la nécessité de l'indépendance. « Le Kosovo a proclamé son indépendance dès 1991 par un vote clandestin de son assemblée légale, qui a ainsi créé une république indépendante. Il n'a jamais été question d'autonomie. »

Sauf à Rambouillet, en 1998, où les pays occidentaux ont forcé les négociateurs kosovars à accepter cette solution. « Si l'on veut voir les choses clairement, on ne peut confondre la position de la communauté internationale et celle des forces albanaises. Les Albanais disent : nous étions autonomes dans le cadre de la Yougoslavie. Si cette autonomie n'existe plus, nous sommes indépendants au même titre que la Croatie. »

En Yougoslavie, tout a commencé et tout pourrait donc finir au Kosovo. « Peut-être que les Canadiens comprennent mieux ces réalités. Les Français et les Américains ne saisissent rien aux identités nationales. Pour eux, l'identité se confond avec le passeport, mais pas pour les Serbes et les Albanais. »

Le dernier gardien du communisme

La mécanique de la terreur serbe apparaît d'autant plus clairement lorsqu'elle est décrite de l'intérieur. Vidosav Stevanovic l'a connue de près en pleine guerre du Kosovo alors qu'il a passé ses derniers mois avant l'exil isolé dans son village natal de Botunje. Il était devenu à peu près impossible de travailler pour lui et son épouse comédienne. Ses amis de toujours ne lui parlaient plus. « On me regardait comme un animal », dit-il. Son péché fut d'avoir fondé en 1998 à Kragujevac, après quinze jours de manifestations, une des seules télévisions libres de Serbie. L'aventure dura cent quarante-quatre jours, avant que Stevanovic soit forcé de quitter la Serbie et de s'exiler avec sa femme et son fils pour la seconde fois de sa vie.

« Milosevic, c'est l'inquisition à l'ère de la télévision, un mélange d'idées du Moyen Âge avec les moyens de communication les plus modernes. » En pleine guerre du Kosovo, Stevanovic s'était réfugié dans un petit deux-pièces de la banlieue parisienne. Au troisième étage d'un immeuble sans ascenseur, il avalait café sur café à la grande table de la cuisine qui représentait, avec un lit, un divan de fortune et une télévision, tout son mobilier.

« Je suis devenu insomniaque et ma femme vit sur les calmants. » Devant la fenêtre, une grande femme au teint blanc et aux cheveux blonds marchait de long en large pendant que son fils de treize ans regardait un dessin animé dans la pièce d'à côté. Le couple passait les journées accroché au téléphone dans l'attente d'un appel de Serbie où étaient restés les deux fils aînés. La famille avait déménagé trois fois, pour trouver un logement moins cher mais aussi par mesure de sécurité. Le plus étonnant était que tout cela n'empêchait pas Vidosav Stevanovic d'écrire tous les matins et toutes les nuits. Sa façon à lui de conjurer le malheur.

À cinquante-trois ans, trapu, les épaules larges et la barbe en broussaille — « J'ai de petits airs perses » —, Vidosav Stevanovic est l'un des écrivains serbes les plus lus à l'étranger. Ses romans et nouvelles, traduits dans une vingtaine de langues, lui ont valu la plus prestigieuse récompense littéraire de son pays, le prix Nin. Auteur d'une quinzaine d'ouvrages, il fut le premier à écrire sur la guerre, devenue par la suite la ration quotidienne de ses compatriotes.

En octobre 1998, sentant que quelque chose se préparait, il a repris le chemin de l'exil. Comme en 1991, lorsqu'il avait dû gagner la Grèce, puis la France. Fondateur du Cercle de Belgrade, regroupant des intellectuels hostiles à Slobodan Milosevic, Stevanovic avait démissionné de l'importante maison d'édition qu'il dirigeait pour protester contre la dictature.

« Je ne suis pas interdit, mais mes livres sont introuvables en Serbie, disait-il. Officiellement, ils peuvent être publiés et vendus. Mais il y a des accords tacites qui font que je suis disparu des librairies et de toutes les bibliothèques. La jeune génération ne me connaît pas. Je ne comprends pas comment fonctionne ce mécanisme étrange. Disons que chez nous la censure n'existe pas… mais qu'elle fonctionne très bien. »

Voilà qui illustre le monde irréel que décrit Stevanovic dans ses romans. Un monde halluciné où le délire l'emporte sur la raison, où l'imaginaire meurtrier pénètre jusqu'aux moindres replis. « En 1994, j'ai écrit des articles pour dire ce qui se préparait là-bas. Mais tout le monde était sourd. On me félicitait en me serrant la main et en me traitant de héros. C'est tout.» L'écrivain combat depuis dix ans cette folie meurtrière qu'il décrit comme un curieux mélange d'idées obscurantistes assaisonnées à la sauce Internet. Un monde qui, s'il n'était réel, ferait tout de suite penser aux personnages hallucinés de son compatriote Bilal, auteur de bandes dessinées.

Cette démence éclate en forme de chaos dans son roman intitulé *La Même Chose*[3], un portrait de la guerre à l'écriture tourmentée et hachurée. Disciple de Faulkner et de Céline, Stevanovic a voulu montrer de l'intérieur ce qui se passe dans la tête des massacreurs.

«Dans les Balkans, nous avons une pensée illogique. […] Il y a par exemple 180 partis politiques enregistrés en Serbie. Si Descartes a fondé la méthode, nos dirigeants ont créé quelque chose de tout à fait nouveau : la contre-méthode. Ils règnent avec un mélange étonnant d'idéologie communiste et nationaliste, athée et orthodoxe, ancienne et moderne. Ils mélangent tout. Ils ont inventé un nouveau pouvoir. Pauvre Descartes!»

Pour Stevanovic, les Serbes vivent depuis des années dans un monde virtuel façonné par le petit écran soigneusement contrôlé par le pouvoir. «Milosevic s'appuie sur la télévision, l'armée et l'apathie de la population. De ces trois piliers, la télévision est le plus important. Elle présente à longueur de journée les Serbes comme des victimes du monde moderne.»

Dans le journal qu'il a tenu entre deux exils (en 1996 et 1997), Stevanovic n'hésite pas à écrire que ses compa-

---

3. Vidosav Stevanovic, *La Même Chose*, Paris, Mercure de France, 1998.

triotes sont « les voleurs de leur propre argent », qu'ils sont « un peuple en déroute ». « Imaginez si cela s'était passé en Russie ! » Les premiers responsables de ce malheur sont les intellectuels, dit-il, qui ont formulé le programme de Milosevic.

Ce que dit Stevanovic, des Slovènes me l'avaient déjà raconté en 1992 dans les cafés de Ljubljana. Ils ne comprenaient pas comment toute une intelligentsia autrefois communiste s'était ralliée si rapidement et avec une telle unanimité au nationalisme grand-serbe.

« Les intellectuels serbes ont tout préparé. Ils ont inventé l'idéologie et Milosevic n'a eu qu'à se servir. La population, plus occupée à trouver du pain ou des souliers pour les enfants, est moins contaminée que les intellos. »

Un jour, dit-il, il faudra rendre des comptes. Stevanovic n'est pas plus tendre pour les Occidentaux, qui ont en quelque sorte légitimé Milosevic en négociant avec lui et en signant les accords de Dayton qui ont consacré la partition de la Bosnie.

Pays relativement ouvert il y a dix ans, « la Yougoslavie jouissait d'un communisme modéré, sans camps de concentration, avec une certaine liberté d'expression. Elle trouve le moyen d'être aujourd'hui le dernier gardien du communisme. Nous étions les premiers. Nous sommes devenus les derniers. »

* * *

Le poète de Ljubljana mort à vingt-deux ans, Srecko Kosovel, avait dans ses longs moments de mélancolie imaginé un dictateur ayant un jour l'idée d'enfermer le rouge du soir. Cela s'appelait *Le Rire du roi du Dada*.

> *Ordre du jour numéro 35 :*
> *Subitement il est apparu*
> *Que le rouge du soir*
> *Est dangereux pour l'État*
> *C'est pourquoi on enfermera*
> *Le rouge du soir chaque fois*
> *Qu'il apparaîtra*
> *Dans la mer noire*[4].

Les mots de Kosovel auraient parfaitement pu s'appliquer à cette étrange Yougoslavie gagnée par la suspicion. Les anciens communistes ont préféré la mettre à feu et à sang plutôt que de laisser le rouge du soir éclairer la mer noire.

N'est-ce pas ce terrible engrenage que décrivait le professeur Vodopivec ? De même, à six ans de distance, j'aurais pu facilement mettre les mots du Slovène dans la bouche de l'écrivain serbe Stevanovic. Après dix ans de carnage, il n'est plus besoin d'être un prophète pour dire que si l'on avait écouté les Slovènes, nous n'en serions peut-être pas là. Rappelons-nous ce qui s'écrivait à l'époque. La télévision parcourait le monde pour mettre les peuples en garde contre la résurgence du tribalisme. De bons écrivains, mais de mauvais prophètes, nous annonçaient un monde déchiré par les revendications autonomistes. Les pays issus de l'ancien bloc de l'Est ne cherchaient pas à réaliser leurs ambitions, ils n'expérimentaient pas de nouveaux modes d'organisation, ils ne s'efforçaient pas de trouver leur voie quelque part entre l'aspiration légitime à l'autonomie et le difficile apprentissage de la démocratie : ils se balkani-

---

4. *Le Rire du roi du Dada*, dans Kosovel, Paris, Pierre Séghers, 1965, p. 161.

saient! Ce mot, né de l'émiettement de l'empire austro-hongrois, était à la fois le procès et la sentence. Il était sans retour.

Quand je retourne aujourd'hui à Ljubljana, les amis qui j'y ai laissés me regardent muets avec cette lueur dans les yeux qui semble chuchoter : nous vous l'avions dit.

Pays basque

Comment peut-on être basque?

Pour rejoindre Zalduondo en venant de la côte Atlantique, il faut parcourir une centaine de kilomètres de montagnes et de plaines. Il faut passer le col de Santa Marina Jesuri, à 750 mètres d'altitude, et longer le parc naturel de Gorbeia, avant de gagner la capitale, Vitoria. On traverse ensuite une large plaine où l'on troque l'autoroute pour un chemin de campagne qui suit des terres agricoles. Surgit alors un minuscule village qui ne compte qu'un clocher et un café, seuls lieux de rassemblement de ce peuple rude qui cultive des pommes de terre réputées dans tout le pays.

C'est là que se terre Bernardo Atxaga, l'un des écrivains basques les plus lus dans le monde depuis la publication d'*Obabakoak*[1], un recueil de contes et de nouvelles traduit

---

1. Bernardo Atxaga, *Obabakoak*, Paris, Christian Bourgois, 1991.

dans toutes les langues et salué comme l'acte de naissance de la nouvelle littérature basque. C'est dans ce village perdu qu'on vient de Madrid ou de Paris pour lui poser toujours la même sempiternelle question : « Comment peut-on écrire en basque ? », une langue parlée par seulement deux millions de personnes.

Car Bernardo Atxaga a beau être aussi à l'aise en basque qu'en espagnol — toute son œuvre est évidemment traduite en castillan —, il n'écrit qu'en euskara. Pas question de déroger à cette règle, pas même pour une nouvelle publiée l'été dernier dans le grand quotidien madrilène *El Pais*.

« Il y a quinze jours, quelqu'un s'est levé dans un café littéraire du nord de l'Espagne et m'a lancé : "Vous devriez écrire en espagnol, vous auriez plus de lecteurs." C'est ridicule, je serai bientôt traduit en anglais et en arabe. L'essentiel, c'est qu'un texte soit bon. Après, c'est l'affaire des traducteurs. Évidemment, écrire en espagnol serait plus pratique. Mais je ne suis pas un homme pratique. Écrire en basque, c'est ma façon de vivre à moi. C'est l'expression de ma personnalité. En espagnol, je n'écrirais pas la même chose. Vous devez certainement comprendre cela au Québec. »

Assis au café Imaz tandis que la nuit de décembre s'abat sur la plaine et que les paysans viennent prendre un verre après le boulot, Atxaga peut parler pendant des heures de cette langue venue du fond des âges et qui semble constituer pour lui l'essentiel de la définition de ce petit peuple tenace dont il dit qu'il a au moins offert deux choses au monde : la chasse à la baleine et les jésuites, fondés par Ignacio de Loyola.

« La musique d'une langue n'est pas seulement une question de forme, c'est une façon d'appréhender le monde. J'écris en écoutant le bruit, la sonorité des mots. Le français et l'espagnol sont des langues pleines de mots et de rhétorique. Ce n'est pas ma musique. La langue est comme la matière brute de la sculpture. On peut faire le même motif dans des matériaux différents, mais ce ne sera jamais la même œuvre. En définitive, la langue est un mystère. J'écris en basque parce que j'en ai le goût, pour des raisons que je ne peux expliquer et que je n'ai pas à expliquer.»

Cet homme de quarante-sept ans aux cheveux noirs bouclés a longuement réfléchi à ce qui fait l'originalité des petites nations. «On peut aimer ce qui est petit», répète-t-il inlassablement.

«Les petits pays n'ont pas le choix. Ils doivent redoubler de dynamisme. Quand je suis allé à Montevideo, à Buenos Aires, à Mexico, j'ai découvert des noms basques partout. Une grande avenue et une station de métro de Miami se nomment Biscaya. Le jour où j'ai fait cette découverte, j'ai eu l'impression de flotter sur un nuage. Les petites nations sont comme des volcans qui font éruption partout dans le monde. D'ici, de cette plaine entourée de sept montagnes, il est plus facile de rayonner sur le monde.»

Bernardo Atxaga habite l'Alavara-Araba, la région sud du pays qui est aussi celle où l'on parle le moins l'euskara. Les tenanciers du café où il m'a donné rendez-vous ne parlent d'ailleurs pas un mot de ce qui était, il n'y a pas si longtemps, la langue maternelle de leurs parents. Mais leurs enfants l'apprennent maintenant à l'école. Plus que n'importe quelle langue minoritaire, le basque est un combat. Des milliers de Basques, petits et grands, s'acharnent dans tout le pays à réapprendre cette langue que la dictature de Franco a voulu éradiquer. Quarante ans sans un livre, un journal, une manifestation publique en basque.

«Jusqu'à récemment, le basque n'avait pas d'existence sociale, dit Atxaga. C'est un peu comme moi qui suis sourd de l'oreille droite. Ici, dans la maison, je ne suis pas sourd, j'entends tout ce que vous dites. Mais quand je sors de chez moi et qu'il y a du bruit, je suis sourd. Socialement, les Basques étaient sourds. »

Jusqu'en 1965, l'église était à peu près la seule institution qui utilisait le basque. Atxaga en sait quelque chose. Sa mère était professeur et craignait de parler basque en public de peur qu'on la dénonce. « Franco était un sot. En interdisant l'euskara, les danses traditionnelles et même les noms basques sur les bateaux, il nous a dans le fond rendu un immense service. Il nous a forcés à nous prendre en main. »

Dans la postface de l'édition française d'*Obabakoak*, Atxaga a comparé le cheminement des Basques au jeu de l'oie. De nombreuses cases ont été franchies, mais certaines ne l'ont toujours pas été et ce sont les plus menaçantes : « Nous poursuivrons nos tentatives, nous continuerons à écrire. Le tableau est là pour que nous jouions[2]. »

Bernardo Atxaga en a particulièrement contre les milieux littéraires incapables d'imaginer qu'un auteur basque — on pourrait presque dire québécois — ne soit pas folklorique. « C'est une torture d'aller présenter à Paris un livre écrit en basque. Les journalistes sont toujours là, à s'étonner que vous ne soyez pas un vieux croûton. » Atxaga a pourtant habité Paris pendant plusieurs années. Influencé par un auteur comme Tristan Tzara, il écrit parfois dans la revue culturelle « branchée » *Les Inrockuptibles*. Mais rien n'y fait. « Le poids des clichés est plus fort. C'est fatigant à la fin. »

La même chose se produit régulièrement à Madrid où Atxaga a monté une pièce il y a deux ans. L'élite littéraire

---

2. Bernardo Atxaga, *op. cit.*, p. 409.

madrilène s'est étonnée en chœur qu'un auteur basque puisse parler d'autre chose que de l'identité basque. L'identité, Atxaga en a parlé plus qu'à son tour. Il s'est longtemps intéressé à la violence qui déchire son pays. Dans *L'Homme seul*[3], il décrit l'action d'un ancien terroriste réfugié à Barcelone qui ne parvient pas à rompre avec ses racines. « *Patria o muerte!*, c'est un slogan complètement dépassé qui n'a plus de sens. Le problème basque a été terriblement théâtralisé. Même les membres de l'ETA ne croient plus à ces slogans qui dramatisent tout au point de justifier le meurtre. Nous ne sommes plus des adolescents et ici ce n'est pas le Chiapas. » Atxaga reste convaincu que les militants de l'ETA ont définitivement abandonné les armes… « si Madrid n'est pas complètement stupide », ajoute-t-il tout de même.

Mais le plus dur est encore à venir. Après l'abandon des armes viendra le vertige. « Les anciens terroristes se rendront bientôt compte qu'ils ont passé vingt ans de leur vie en prison pour du théâtre. Nelson Mandela est sorti de prison entier car il défendait une cause réelle. Mais les membres de l'ETA seront vite oubliés. En trois mois, personne ne se souviendra plus de leur nom. Il leur faudra apprendre le pragmatisme. Ce sera difficile. Il est toujours déchirant d'abandonner le romantisme et les mythes de sa jeunesse. »

Est-ce ce qui explique les soubresauts du terrorisme basque ? Pour Atxaga, le temps des remises en question est venu. « Certains caressent encore le rêve d'un grand pays basque incluant la Navarre et le Pays basque français. C'est un anachronisme à la fin du XXe siècle. C'est une vieille conception agricole et militaire de la nation. Que signifie le territoire à l'époque d'Internet ? »

---

3. Bernardo Atxaga, *L'Homme seul*, Paris, Christian Bourgois, 1995.

Il serait même temps, selon Atxaga, que Basques et Castillans comprennent que leurs langues ont une longue histoire commune. On croit, par exemple, que le premier grand poète espagnol, Gonzalo de Berceo, parlait le basque couramment. Le premier codex de langue castillane — rédigé au Moyen Âge au monastère San Milan de la Cogolla, dans la vallée de la Rioja — fut annoté par les moines en basque. Des détails de l'histoire, depuis longtemps oubliés.

L'euskara renaît de ses cendres

À 50 kilomètres du refuge où se terre Bernardo Atxaga, Alfredo Zaldibar, lui, n'a pas encore tout à fait liquidé le passé. Il se souvient comme si c'était hier du sort que réservait l'école primaire aux enfants de sa génération qui osaient parler basque. Lorsqu'un professeur entendait un mot en euskara, il mettait un anneau au doigt du coupable qui en faisait la honte de la classe. La seule façon pour l'enfant de s'en débarrasser consistait à dénoncer un de ses camarades qui parlait en cachette sa langue maternelle.

Presque tous les Basques de plus de quarante ans ont vécu de telles histoires d'horreur, la langue basque ayant été formellement bannie de tout lieu public pendant les quarante années du régime franquiste. Quarante ans sans écoles, sans journaux, sans livres, sans radio et pendant lesquelles on refusait même d'inscrire les noms basques au registre de l'état civil.

Ce n'est donc ni à l'école ni dans sa famille, qui avait adopté le castillan, que cet homme dans la quarantaine a découvert l'euskara. À vingt ans, il a tout bonnement décidé de retourner sur les bancs de l'école et de se mettre à l'étude de cet idiome complexe sur l'origine duquel les linguistes et les historiens se perdent toujours en conjectures. Le basque reste la seule langue européenne, avec le hongrois, qui défie toutes les recherches. Très différente des langues voisines d'Europe et d'Afrique du Nord, elle ferait partie des dialectes préindo-européens qui, comme le gaulois, le ligure et l'étrusque, ont été supplantés par les langues romanes.

Pas plus que les Romains, Franco n'a pu venir à bout de ce peuple opiniâtre. Alfredo Zaldibar est aujourd'hui directeur de l'*ikastola* (école) de Durane, un village de la banlieue de Vitoria qui accueille 1 200 élèves, de la maternelle à la fin du collège. L'enseignement s'y donne en basque, à l'exception de trois heures de castillan pour les enfants de sept ans et plus.

Les gens qui trouvent le système scolaire québécois compliqué ne connaissent pas celui des Basques. C'est « très simple », explique pourtant Alfredo Zaldibar, les secteurs privé et public sont tous deux divisés en trois réseaux scolaires : le A, le B et le… D. Il faut savoir que l'alphabet basque n'a pas de C. Les élèves ont le choix entre des écoles où l'enseignement est majoritairement en castillan (A), à moitié en basque et à moitié en castillan (B) ou majoritairement en basque (D). Ce dernier réseau connaît depuis quelques années la plus forte croissance.

La plupart des *ikastolas* sont nées plus ou moins dans la clandestinité sous Franco. Des parents regroupaient une dizaine d'enfants chez eux pour leur enseigner la langue basque. S'est ainsi créé un réseau scolaire alternatif qui rompait avec l'enseignement religieux et conservateur de l'époque en favorisant la mixité et l'égalité des sexes. La moitié de ces écoles ont intégré depuis le réseau public basque.

En voulant éradiquer le basque, Franco n'aura donc

réussi qu'à favoriser son essor. Aujourd'hui, 27 % des Basques sont en mesure d'écrire et de parler leur langue, et de 15 % à 20 % en ont une connaissance partielle. Chez les enfants de 3 à 14 ans, ces proportions augmentent de manière significative. La grande majorité des enfants inscrits à l'école publique fréquentent dorénavant les réseaux où le basque occupe la majeure partie du temps d'enseignement.

En 1980, 4 % des enseignants parlaient le basque. Ils sont aujourd'hui 70 % à en avoir une connaissance au moins sommaire. Située dans le sud du pays, où le basque est moins parlé qu'au nord, l'école de Durane accueille généralement des enfants dont ce n'est pas la langue maternelle.

« Il a fallu tout inventer, les jeux, les chansons, les manuels, dit Alfredo Zaldibar. Il a même fallu réapprendre notre folklore avec des professeurs dont la majorité n'a jamais étudié en basque. Une famille typique comme la mienne est composée de grands-parents qui parlent basque, de parents qui ne le parlent plus et de jeunes enfants qui l'ont appris à l'école. »

L'euskara aura donc sauté une génération. Dans les années 70, l'Académie basque a uniformisé et simplifié la langue jusque-là divisée en patois régionaux. Une nécessité pour l'enseigner à tous. La réforme n'a pas fait l'unanimité, en particulier chez les Basques français, peu nombreux, mais attachés à leur idiome local.

Patxi Irigoien, professeur d'histoire, déplore l'absence de manuels scolaires. « Plus les élèves progressent, moins ils ont de matériel. À l'université, il n'y a pratiquement plus rien. Et puis, dès que les élèves sortent de l'école, le castillan domine partout. » Même constat désolant dans l'enseignement professionnel largement donné en castillan. Une étude réalisée il y a quelques années dans les villes de plus de 10 000 habitants par l'Assemblée de la culture basque (EKB) a révélé que le taux d'utilisation du basque dans les lieux publics n'était que de 8 %.

« Nous souhaitons qu'un jour tous les Basques parlent l'euskara, mais à ce rythme il faudra deux cents ans pour y parvenir », dit Alfredo Zaldibar.

Pendant longtemps, parler basque a pratiquement été considéré comme un geste politique. Si l'on parlait basque, c'est qu'on votait nationaliste, qu'on chantait des chansons traditionnelles, qu'on dansait des danses folkloriques et qu'on défendait les *fueros,* ces assemblées traditionnelles vaguement autogestionnaires. La majorité des cours privés destinés aux adultes sont d'ailleurs toujours donnés par une association liée à l'organisation nationaliste de gauche Herri Batasuna (Unité populaire), proche de l'ETA.

Mais c'est de moins en moins le cas. Depuis que l'administration régionale exige la connaissance du basque pour les postes de fonctionnaires, les cours ont fleuri dans toutes les localités. Mais les services en basque sont souvent déficients. Il n'est pas toujours possible, par exemple, d'obtenir un procès en basque, les juges nommés par Madrid ne connaissant que le castillan.

En 1989, une proposition fut soumise à 101 municipalités réclamant que les services offerts à la population ne soient plus assurés qu'en basque. Elle ne fut acceptée que par 28 d'entre elles. Ces municipalités s'exposaient à des poursuites de l'administration fédérale si elles cessaient d'offrir leurs services en castillan.

Le bilinguisme est en pratique la seule politique possible, disent la plupart des dirigeants politiques. Les deux langues ont donc un statut officiel. Mais les frictions restent nombreuses. La presse est régulièrement assaillie de lettres déplorant l'« appauvrissement culturel » dont seraient victimes les « pauvres » élèves scolarisés en basque…

À une autre époque, leur langue n'a pourtant pas empêché les Basques d'ouvrir des comptoirs de traite jusqu'à Tadoussac. En réalité, me confie un fonctionnaire du gouvernement qui travaille à l'étranger, « les écoles basques forment une petite élite qui est généralement aussi à l'aise en basque qu'en castillan et en anglais ! » Avec la Catalogne, le Pays basque décroche tous les prix d'enseignement de l'anglais. Ne dit-on pas que pour être basque, il faut porter un nom basque, parler le basque et… avoir un oncle en Amérique ?

Le Gerry Adams basque

Je ne sais pas si Arnaldo Otegi a un oncle en Amérique, mais il est presque aussi difficile à interviewer qu'une vedette du show-business. Sur un territoire encaissé de la superficie des Cantons-de-l'Est, il valdingue sans cesse entre Bilbao, Saint-Sébastien et Vitoria. Cet ancien terroriste habillé d'un t-shirt et d'un veston noir, à la manière des jeunes dandys de Bilbao, est depuis un an au cœur de la vie politique espagnole. Le grand quotidien catalan *La Vanguardia* en a fait l'une des personnalités de 1998, avec Jaime Mayor Orteja, ministre des Polices espagnoles. Son ennemi juré !

Dirigeant de Herri Batasuna, le bras politique de l'organisation terroriste ETA, Otegi a été présenté comme le Gerry Adams basque. Il fut l'un des hommes clés de la formation du nouveau gouvernement basque qui ne réunissait en 1999 que des partis nationalistes. À une autre époque, Otegi a pourtant passé cinq ans dans les geôles espagnoles. C'est là qu'il a décroché sa maîtrise en philosophie des sciences. Condamné pour enlèvement, il dit avoir été torturé comme beaucoup d'autres militants de l'ETA.

C'était une autre époque. « Paix », « démocratie », « solution durable », « réconciliation », tels sont aujourd'hui les maîtres mots de ce politicien à la carrure de joueur de football. Depuis un an, Arnaldo Otegi a transformé son parti marginal et indépendantiste en un soutien actif de la coalition gouvernementale au pouvoir à Vitoria. Et cela, malgré les hauts et les bas de la trêve « illimitée » décrétée par l'ETA le 16 septembre 1998 (la première en 30 ans) et qui s'est achevée le 3 décembre 1999.

« Nous avons réalisé un compromis avec les autres partis nationalistes, dit-il. Aujourd'hui, notre peuple nous demande d'être conséquents. Une porte a été ouverte. Il y a une possibilité réelle de mettre fin au terrorisme. » Le 3 décembre alors que l'ETA rompait sa trêve, il participait avec sa formation politique aux manifestations pour la paix. Le leader de Herri Batasuna aurait-il pris goût au jeu parlementaire ? Otegi refuse toujours de condamner les actions armées, mais il affirme : « Nous avons l'intention d'avoir une attitude responsable et d'utiliser les instruments démocratiques pour conquérir de nouveaux droits. » Il croit même que la cicatrisation des plaies sera rapide pourvu que l'on trouve une solution durable à 30 ans de terrorisme.

Avec la trêve décrétée par l'ETA le 16 septembre 1998, les anciens hors-la-loi ont été courtisés par tous. Les élections du 25 octobre 1998 leur ont permis de décrocher la « balance » du pouvoir et de se hisser (avec 18 % des voix) au rang des forces qui comptent. Herri Batasuna soutient une coalition constituée du Parti nationaliste basque (PNV) et d'Eusko Alkartasuna (EA), une petite formation de gauche.

Lors de la rupture de la trêve, le 3 décembre 1999, cette coalition a été sérieusement ébranlée, mais Herri Batasuna semble vouloir demeurer une force politique qui compte.

Sa survie politique pourrait dépendre de la reprise ou non du terrorisme et, à terme, de sa capacité à se distinguer de l'ETA.

Herri Batasuna refuse toujours de « cautionner la partition du Pays basque », dit Otegi. Cette partition est non seulement le fait de la frontière entre la France et l'Espagne, mais de la séparation entre le Pays basque et la Navarre, deux provinces espagnoles qui possèdent des administrations indépendantes depuis 1978. Avec les nationalistes les plus nostalgiques, Otegi rêve toujours d'un grand pays qui s'étendrait des plaines de la Rioja, au sud, à la Navarre, à l'est, jusqu'aux côtes de Biarritz, au nord. Un rêve que n'évoquent plus pourtant les nationalistes les plus pragmatiques que dans des termes vagues destinés surtout à ne pas trop égratigner l'image mythique d'un pays dont plusieurs historiens disent qu'il n'a jamais existé.

Le mythe perdure pourtant chez les derniers terroristes romantiques de l'ETA. Même si l'organisation clandestine n'est plus celle qu'elle était il y a quelques années à peine.

« La collaboration policière entre l'Espagne et la France a poussé l'ETA dans ses derniers retranchements, dit Andoni Kaiero Uria, sociologue à l'Université Deusto de Bilbao. Mais, surtout, un certain nombre de militants a compris que l'action militaire était sans issue. La critique interne du terrorisme a été déterminante. » Les terroristes sont aujourd'hui à la croisée des chemins : ou ils abandonnent les armes progressivement, ou ils courent le danger d'être entièrement rejetés par la population, au risque de démobiliser leurs propres troupes.

Les cinq millions de personnes qui sont sorties d'un même souffle, en juillet 1997, dans les rues de toute l'Espagne pour protester contre l'assassinat du conseiller municipal de vingt-neuf ans Miguel Angel Blanco ont fait plus mal aux terroristes que quarante ans de répression franco-espagnole. Jamais l'ETA n'avait été aussi proche de la barbarie de mouvements comme le Sentier lumineux ou les Khmers rouges. Moins de six mois après cet assassinat, 22 membres de la direction de Herri Batasuna furent incarcérés. Ils ne furent libérés que le 21 juillet 1999.

L'ETA est née en 1959 d'une scission du mouvement nationaliste basque fondé en 1898 par Sabino Arana. Ce mouvement fut lui-même l'ancêtre du Parti nationaliste basque (PNV), au pouvoir aujourd'hui à Vitoria. L'ETA fut l'une des rares organisations à oser recourir à la violence pour combattre la dictature de Franco. De l'avis de nombreux observateurs, son attentat contre l'amiral Carrero Blanco, en 1973, accéléra le retour de la démocratie et la reconnaissance des « nationalités historiques » dans la constitution de 1978.

Mais, dans les années 80, son action est de plus en plus discréditée. Et cela, malgré le scandale de la « guerre sale » que lui mena le Groupe antiterroriste de libération (GAL). Cette organisation parallèle secrète créée par le gouvernement socialiste fit plus de 55 victimes parmi les indépendantistes.

« Heureusement, les gens de l'ETA ne sont pas tous des drogués de l'arme au poing ; ce sont de vrais nationalistes qui poursuivent un projet politique et qui ont toujours tout fait pour garder l'initiative », explique la géographe Barbara Loyer[4]. Lors des deux années qu'elle a passées sur place, elle a constaté qu'en s'entêtant dans la voie du terrorisme l'ETA allait perdre tout crédit politique.

Depuis 1987, l'influence de Herri Batasuna reculait systématiquement. En 1997, le grand syndicat ELA, qui

---

4. Barbara Loyer, *Géopolitique du Pays basque*, Paris, L'Harmattan, 1997.

regroupe 40 % des syndiqués basques, a qualifié l'ETA d'« inutile » et de « nuisible ». Un symptôme parmi d'autres : en 1995, le prix littéraire du gouvernement basque allait à Roberto Herrero pour une pièce mettant en scène le dialogue entre un terroriste et une femme paralysée, victime d'un attentat.

Mais on ne rompt pas si facilement avec la culture de la violence comme le démontrait la fin d'une trêve de 14 mois, le 3 décembre 1999.

Seule la libération des prisonniers politiques pourrait calmer la violence, disent les responsables de Herri Batasuna. Une libération qui répugne à Madrid, qui a pris soin d'éloigner les prisonniers aux îles Canaries ou au large du Maroc même si la loi espagnole exige que tout prisonnier soit incarcéré le plus proche possible de chez lui. « Cinq cents prisonniers, sur une population d'à peine deux millions d'habitants, cela fait des milliers de pères, de mères, de frères et de sœurs qui souffrent chaque jour de l'éloignement d'un membre de leur famille », explique José Maria Munoa, responsable des relations extérieures du gouvernement basque. Cela fait surtout des centaines de terroristes potentiels.

Difficile d'éviter le parallèle avec l'Irlande où l'amnistie des prisonniers politiques est venue sceller la paix retrouvée. L'Irlande et le Pays basque semblent pourtant emprunter des voies radicalement différentes. Cela est dû à la fois au radicalisme utopique de l'ETA et à l'intransigeance du gouvernement espagnol.

« Le gouvernement britannique a reconnu aux Irlandais le droit de définir leur propre avenir, dit Arnaldo Otegi. Nous ne sentons pas cette volonté à Madrid. Une chose est claire. Les problèmes n'ont pas disparu et nous ne vivons pas un moment idyllique sur le chemin de la paix. Les problèmes de fond du Pays basque n'ont pas été résolus. Et pour les résoudre, il ne suffit pas de condamner le terrorisme. » De toute évidence, si les terroristes basques pensent sérieusement à abandonner les armes, ils n'ont pas encore trouvé le courage de se l'avouer. Pour plusieurs, la conversion sera longue et douloureuse. Pour l'instant, Arnaldo Otegi n'a pas le temps de m'en dire plus. On l'appelle d'urgence à Bilbao. Le leader de Herri Batasuna reprend sa course folle à travers les vallées encaissées. L'homme pressé ressemble à cette image de Voltaire qui, évoquant les danses traditionnelles du pays, définissait les Basques comme un peuple qui danse sur la pointe des pieds sur la crête des Pyrénées.

Finies les castagnettes

Qui n'a pas assisté à une manifestation au Pays basque n'a pas idée de la force sourde de ce petit peuple qui allie la hardiesse des marins à l'opiniâtreté des montagnards. En ce dimanche du 10 janvier 1999, une foule monstrueuse avait défilé sous la pluie battante dans les rues de Bilbao. C'était une gigantesque protestation comme seuls les Basques savent les improviser. Que ce soit pour dénoncer le terrorisme ou libérer des prisonniers politiques, le scénario est toujours le même depuis trente ans. Comme les nuages qui s'amoncellent en un clin d'œil au-dessus de la ville, des centaines de personnes sortent des porches par un beau matin. Ils surgissent des coquets immeubles des quartiers bourgeois de la métropole comme des HLM des banlieues ouvrières. Sans qu'on s'en aperçoive, ils sont vite des milliers ou des dizaines de milliers. La ville est bientôt paralysée tandis qu'une marée humaine défile le long de la Nervion qui vient se jeter dans l'océan.

Les Basques ont l'instinct grégaire. Le 14 juillet 1997, ils étaient plus de 100 000 à protester contre l'assassinat de Miguel Angel Blanco. Le 18 mars 1989 et le 1er février 1992, ils étaient tout autant à manifester pour la paix. Les revendications nationalistes ont rassemblé jusqu'à 200 000 personnes le jour de Pâques 1979, à l'occasion de l'Aberri Eguna (« le jour de la Patrie »).

Cette fois, ils étaient sortis pour exiger la libération des 500 prisonniers de l'ETA qui croupissent dans les prisons espagnoles. Les manifestants exigeaient le retour au pays des captifs éparpillés aux quatre coins de l'Espagne et aux îles Canaries. Symbole de l'unité retrouvée du mouvement nationaliste basque, la manifestation unitaire était dirigée par les principaux leaders des partis nationalistes. Les étrangers de passage n'y voyaient rien de nouveau, mais les Basques savaient qu'ils vivaient un moment historique. Un signe ne trompait pas : Arnaldo Otegi, chef de Herri Batasuna, et Xabier Arzalluz, leader du Parti nationaliste basque (PNV), défilaient bras dessus, bras dessous pour la première fois.

Difficile d'imaginer deux hommes plus différents par le physique, l'âge et le programme politique. Inimaginable quelques mois plus tôt, la réunion de cet ex-terroriste dans la trentaine et de cet ancien jésuite de soixante ans symbolisait il y a un an le renouveau du nationalisme basque. Même si elle a été mise à mal depuis, cette unité ouvre « un nouvel épisode de notre histoire politique », explique Xavier Arzalluz. Cet homme pragmatique qui parle aussi bien le français, l'anglais et l'allemand que l'espagnol est devenu avec les années le leader naturel du mouvement national basque. Il ressemble à s'y méprendre à son homologue catalan Jordi Pujol, l'assurance tranquille en moins. Arzalluz ne peut rester assis. Chaque fois que la discussion s'échauffe, le stratège se lève et se met à faire de grands gestes comme s'il façonnait chacun de ses mots, souvenir probable de ses prêches d'une autre époque.

« Notre premier problème, c'est d'obtenir la paix, dit-il. Un compromis est possible. L'ETA et le gouvernement espagnol ont le même problème. L'organisation terroriste doit modérer ses militants les plus extrémistes alors que le Parti populaire, au pouvoir à Madrid, doit contenir ceux qui refusent toute négociation et rêvent d'une Espagne forte et unie. Il y a des gens à Madrid qui ne veulent pas la paix. Car, si l'ETA disparaît, la majorité au parlement basque sera pour longtemps constituée des partis nationalistes. Nous devions auparavant nous allier aux socialistes. Il était impossible de s'entendre avec des terroristes. La paix pourrait donc remettre en cause l'unité de l'Espagne en rendant enfin possible l'unité des nationalistes. C'est probablement pourquoi, chaque jour à la radio et à la télévision de Madrid, on nous traite de racistes. »

Le projet d'unir les nationalistes n'est pas nouveau. En septembre 1998, 23 organisations comprenant tous les partis nationalistes et les principaux syndicats signaient la déclaration de Lizarra. Le document affirme pour l'essentiel que la solution à la violence du Pays basque ne peut venir que des Basques. Lizarra représentait un compromis historique : l'ETA s'y engageait à abandonner les armes en échange d'une radicalisation des partis nationalistes. Le PNV a alors réclamé l'intégration de la Navarre au Pays basque, deux provinces qui ont une histoire commune, mais que les réformateurs espagnols qui ont succédé à Franco avaient préféré séparer. Vieille revendication nationaliste, cette fusion éventuelle est évoquée à l'article 4 de la constitution espagnole. Le gouvernement de Vitoria exigeait en 1999 que Madrid s'engage à respecter tout compromis auquel parviendraient les partis basques entre eux pour rétablir la paix.

Au-delà de leurs divergences souvent considérables, les

partis nationalistes s'entendent pour réclamer le rapatriement d'une trentaine de compétences garanties au parlement basque dans la constitution, mais qui sont toujours exercées par Madrid. Parmi celles-ci : les affaires sociales et la santé. Le gouvernement basque veut de plus assumer les relations internationales dans les domaines de sa compétence et exige un représentant à l'Union européenne.

Mais tous les anciens terroristes ne sont pas demeurés nationalistes. Eduardo Uriarte a depuis longtemps quitté les geôles espagnoles pour les plafonds lambrissés du bureau du responsable des finances à la mairie de Bilbao. Cet ancien membre de l'ETA, condamné deux fois à la peine de mort lors du célèbre procès de Burgos (1970) puis amnistié en 1977, a tourné le dos à ses anciens camarades.

« La transition démocratique espagnole, dit-il, a été un processus exemplaire, même si le Pays basque fut la seule région à enregistrer une majorité d'abstentions au référendum sur la constitution. Les nationalistes rêvent d'une nation qui n'existe pas et qui n'a jamais existé. Les Basques n'ont jamais eu autant de pouvoir qu'aujourd'hui au sein de l'Espagne. La langue basque ne s'est jamais si bien portée qu'aujourd'hui. Elle survivra dans la coexistence. Nous ne pourrons jamais construire une nation contre les Espagnols et contre les Français. »

Pourquoi Uriarte a-t-il changé si radicalement ? L'homme reste discret au sujet de son parcours, mais il continue à se dire marxiste. C'est même en invoquant la très marxiste théorie de « l'unité des contraires » qu'il soutient que « le nationalisme basque est en voie de devenir totalitaire » et qu'il serait dès lors « le pire ennemi de la culture basque ». Uriarte, qui ne fait pas dans la dentelle, compare les nationalistes aux partisans de Franco, même si la majorité des autonomistes sont plutôt de gauche ou de centre gauche.

Uriarte évoque l'étonnante réussite, malgré la violence, d'un pays qui produit 7 % du PIB espagnol alors qu'il ne représente que 5 % de la population et 1,4 % du territoire. Pour Uriarte, les Basques sont aussi espagnols. Les sondages semblent lui donner raison puisque 10 % des Basques se disent exclusivement espagnols, 30 % exclusivement basques et que la majorité se reconnaît dans les deux communautés.

Chez les socialistes, on accuse les nationalistes de rester attachés au vieux nationalisme identitaire. Les responsables du PNV ne cessent pourtant de répéter qu'ils ne se définissent plus sur des bases ethniques. Mais il y a de tout chez les nationalistes basques. On trouve encore de vieux militants du PNV qui refusent que leur fille épouse un Galicien. Ce qui n'empêche pas la plupart des analystes de considérer que l'indépendance est aujourd'hui une question de choix politique et non plus de droits bafoués. « Ici, on n'est pas en Serbie », dit Barbara Loyer. Les nationalistes vont miser de plus en plus sur la croissance économique pour construire une communauté nationale et représenter une solution de rechange crédible. « Ce sont des gens efficaces qui savent travailler et gouverner. Ils ont le grand avantage, sur les politiciens de Madrid, de savoir où ils vont et d'avoir un objectif à long terme. »

Et comme pour inaugurer cette nouvelle ère, Xabier Arzalluz y va d'un nouveau slogan : « Finies les castagnettes, il faut se mettre au boulot ! » Tous les Espagnols ont compris le message… puisque les castagnettes sont d'origine andalouse. « Il faudra dorénavant apprendre à nous séduire, ajoute José Maria Munoa, responsable des relations extérieures du gouvernement basque. Si Madrid faisait le pari de relations ouvertes en respectant nos droits historiques et en reconnaissant notre droit à l'autodétermination, je suis convaincu que les Basques resteraient en Espagne. »

Et la souveraineté dans tout cela ? « L'indépendance

basque ne représenterait qu'une étoile de plus sur le drapeau européen, dit Xabier Arzalluz. Rien de terrible. Comme si, aux États-Unis, la Californie décidait de se diviser en deux », dit-il en comparant un peu vite le pays de l'Oncle Sam à l'Union européenne. « Mais c'est un objectif à long terme. C'est beaucoup plus compliqué qu'au Canada. Ici, il n'y a pas un Québec avec une langue unifiée. Il y a des Basques éparpillés un peu partout. Aujourd'hui les enfants des immigrants andalous venus dans les années 60 se sentent de plus en plus basques. Ils apprennent notre langue. Tout cela prendra du temps. Nous ne sommes pas pressés. L'indépendance est un objectif à atteindre dans quinze ou vingt ans... » Lorsque la paix ne sera plus un simple visiteur de passage.

L'effet Guggenheim

Je ne voulais pas quitter le Pays basque sans visiter ce qui est devenu le symbole de sa renaissance. Au Moyen Âge ou à la Renaissance, on aurait construit une cathédrale pour célébrer l'événement. À la fin du XXe siècle, les musées ont la cote. On y entre en silence, comme dans un lieu saint, en suivant de longues processions pour admirer un Miró dans un recueillement que ni les flashs ni les jeux des enfants n'ont le droit de contrarier.

Que la paix soit là pour durer ou pas, le Guggenheim témoigne du dynamisme retrouvé du premier port et du deuxième marché financier d'Espagne (la Banque de Bilbao est la troisième du pays). Et surtout, de l'une de ses grandes capitales culturelles.

Loin du pseudo-modernisme des blocs de béton gris qui abritent les bureaux de l'administration autonome basque, les habitants de Bilbao ont rivalisé d'audace en choisissant le délirant Frank Gehry pour ériger cette cathédrale moderne.

Fils du pop art, Gehry avait déjà dessiné un restaurant à l'allure de poisson frétillant, une entrée de bureaux en forme de jumelles et l'erratique American Center de Paris. Pour Bilbao, le Californien a imaginé une fleur de titane et de verre qui éblouit le passant quel que soit le lieu de la ville où il se trouve. Impossible de passer à côté de ce qui est devenu avant même son inauguration la marque de commerce d'un pays qui pourrait bientôt se réconcilier avec lui-même.

L'audace aura été payante. Le musée de Gehry — dont le blanc immaculé et les ondulations sont autant de clins d'œil au célèbre musée Guggenheim de la 5e Avenue de New York — a été couronné par une demi-douzaine de prix d'architecture. L'architecte Philip Johnson n'hésite pas à le considérer comme « le plus grand building de notre époque ». Plus modeste, son auteur a déclaré : « Bilbao n'est pas sur les itinéraires de voyage de tout le monde ; il fallait donc sortir de l'ordinaire. »

Le projet naquit en 1991 lorsque le gouvernement basque invita la fondation Guggenheim à envisager la construction d'un nouveau musée après ceux de New York et de Venise. Il n'a pas été facile de convaincre les responsables politiques de se lancer dans une telle aventure en utilisant le site abandonné de l'ancien port. Mais la fantaisie de Gehry devait se combiner avec le pragmatisme basque. Le musée de Bilbao est l'un des rares projets de Frank Gehry à avoir été achevés dans les délais et selon les budgets prévus (100 millions de dollars US).

Le résultat a de quoi faire réfléchir tous ceux qui croient qu'entre deux cocktails Molotov la culture basque ne raffole que de chansons folkloriques et de *cantzaris,* ces danses traditionnelles où tout le monde sautille en chœur. En un an, le musée a accueilli trois fois plus de visiteurs que prévu et 84 % des visiteurs à Bilbao disent venir exprès pour découvrir ce navire de titane. En 1998, le musée a couvert 67 % de ses dépenses (on prévoyait 45 %). Une enquête a révélé que ses activités avaient généré la création de 3816 emplois et des rentrées fiscales équivalant à 0,66 % de tous les impôts collectés au Pays basque.

Avec un taux de chômage qui frise encore les 25 %, le premier port d'Espagne était pourtant, il y a dix ans à peine, un véritable désastre industriel. Les chantiers navals, la sidérurgie, la fabrication d'appareils électroménagers, toutes ces industries avaient fui sous d'autres cieux. Il faut se promener sur les rives de la vieille ville vers 19 heures tandis que l'Université Deusto se vide et qu'une foule bigarrée envahit les rues et les cafés pour sentir la fébrilité retrouvée. Peu de villes espagnoles ont la densité de Bilbao, construite au fond d'une vallée.

Le Guggenheim a eu un effet d'entraînement surprenant sur le développement urbain. Norman Foster, le créateur de la Bank Tower de Hong Kong, a été invité à dessiner un métro futuriste dont la construction s'étalera jusqu'en 2011. Les plaisantins ont baptisé *fosteritos* ses surprenantes bouches de métro en forme de coquillage.

Santiago Calatrava, architecte de Valence, a construit sur la Nervion une passerelle blanche aux lignes courbes. Les Madrilènes Frederico Soriano et Dolores Palacios ont imaginé un centre de conférences et de musique à deux pas du Guggenheim. Un centre du commerce et des arts dessiné par Cesar Pelli devrait un jour prendre place entre ces deux monuments, de même que 200 000 mètres carrés d'espaces verts le long de la Nervion. Plus loin vers l'estuaire, 400 000 mètres carrés seront aussi arrachés à l'industrie pour servir au commerce et au loisir.

Metropoli 30, qui regroupe aussi bien des entreprises que des associations, est l'organisme créé par le gouvernement basque afin de diffuser une nouvelle image de la ville. Rarement mission aura été aussi bien accomplie, et aussi vite. L'ouverture du musée a attiré plusieurs milliers de journalistes. La seule revue de presse de 1998 contient 8 500 articles.

Maître d'œuvre de Metropoli 30, Alfonso Martinez Cearra s'est donné pour défi de « réinventer la ville » et de « transformer une zone industrielle froide en un triangle d'or ». Ce que les Français, qui fréquentent Bilbao, appellent un « lifting » radical. L'objectif est clair : catapulter Bilbao au rang des capitales européennes. Bilbao ne sera évidemment jamais Paris ou Londres, mais elle est en train de se hisser au rang de ces villes moyennes, comme Barcelone et Berlin, dont la vie culturelle rayonne dans le monde.

Seule ville espagnole reliée au réseau de TGV, Bilbao ne jure plus que par l'Europe, comme si l'Espagne était soudain trop étroite pour ses rêves de grandeur. L'art n'exclut pas les rivalités avec Madrid. Au contraire. Une salle du Guggenheim avait été construite spécialement pour accueillir le célèbre *Guernica* de Picasso, qui illustre le bombardement par l'aviation allemande de ce lieu sacré de l'histoire basque, à 20 kilomètres seulement de Bilbao. Le musée de la Reine-Sophie à Madrid a répondu que le tableau, qui est passé par Paris et New York avant de gagner Madrid en 1981, ne pouvait pas voyager.

La reconstruction de Bilbao n'a pas que de beaux côtés. Plusieurs s'insurgent contre la destruction systématique des vieux locaux industriels de la zone portuaire que certaines villes, comme Londres, ont su réhabiliter. Mais les Basques ont toujours été d'insatiables découvreurs en mal de terres inexplorées. Comme si en reconstruisant son vieux port, Bilbao voulait tourner la page sur les trente dernières années faites de violence et d'attentats terroristes. Comme si en rasant leurs vieilles pierres, les Basques voulaient au plus vite passer à autre chose.

* * *

Si Barcelone est la porte européenne de l'Espagne qui regarde la Méditerranée, Bilbao en est la porte américaine. Face à l'Atlantique, elle contemple l'inconnu, toujours à la recherche d'aventures. Est-ce pour cela que le Pays basque pose à l'Espagne un problème qu'elle n'a pas su résoudre? Fils de corsaires, les Basques ne sont pas encore sortis de quarante ans de violence exacerbée. Comme si l'Espagne était trop petite pour ceux qui ont découvert Tadoussac. Alors que la nouvelle constitution espagnole, et l'autonomie qu'elle accorde aux régions, a été démocratiquement sanctionnée par les Catalans, ce nouvel état de fait n'a jamais été véritablement accepté par les Basques. Le Pays basque reste la seule région d'Espagne qui n'a pas soutenu majoritairement le oui au référendum sur l'autonomie, en 1981. En finir avec la violence et renouer le pacte historique qui unit depuis des siècles Bilbao et Madrid, il y a là deux rendez-vous que Basques et Espagnols ne pourront pas toujours renvoyer à plus tard.

Irlande

Le ras-le-bol des catholiques

Passer des quartiers du centre-ville de Belfast au ghetto catholique de Falls Road est probablement ce qui ressemble le plus à ce qu'était, hier encore, la traversée du mur de Berlin. Bien sûr, il n'y a ni miradors, ni contrôles policiers, ni passeports. Mais le mur est ici une gigantesque autoroute à six voies. La M1, aussi appelée Westlink, est cernée de barbelés et franchissable seulement en deux points : Grosvenor Road et Divis Street. Toutes deux auraient bien pu s'appeler Friedrichstrasse et Unter den Linden.

La suite aussi a quelque chose du chaos berlinois. Des usines désaffectées côtoient des HLM. Des drapeaux d'Irlande du Sud retenus par des ficelles pendent aux lampadaires municipaux. Un centre d'adoration de la Vierge surgit au milieu de quelques commerces défraîchis. Un boucher s'active à dépecer une carcasse de bœuf derrière son étalage alors qu'en vitrine des côtelettes sont posées à côté d'une statue de la Vierge et d'une affiche qui dit : « Relâchez les prisonniers politiques. »

Plus loin, le paysage devient encore plus troublant. À l'hôpital Royal Victoria, qui pourrait ressembler à son homonyme de Montréal, le réceptionniste à qui je demande mon chemin me répond poliment. Il me faut quelques secondes pour m'apercevoir que cet homme à l'allure de bon père de famille porte une veste pare-balles. En levant les yeux, je découvre que les toits des immeubles les plus élevés ont été transformés en postes d'observation armés jusqu'aux dents. Jumelles, grillages, caméras de surveillance et sacs de sable y sont empilés comme si une attaque était imminente. Les postes de police sont au nombre de sept dans Belfast-Ouest seulement et l'on vient de construire tout près, sur Springfield Road, la plus grosse baraque militaire d'Europe occidentale.

Quatre ans de cessez-le-feu et l'accord du Vendredi saint, qui scellaient un début de réconciliation[1] et permettaient le retour d'un parlement en Irlande du Nord, n'ont rien changé à ce paysage. Pas plus qu'au quartier général du Sinn Fein, le parti de Gerry Adams, qui ne dépare pas le quartier. Il est niché dans une ancienne usine de farine désaffectée située dans une vieille rue industrielle, Conway Street. Entre les briques usées et la peinture écaillée, toute

---

1. L'accord du Vendredi saint, entériné par référendum le 22 mai 1998, est venu couronner plusieurs années de cessez-le-feu de l'Armée républicaine irlandaise (IRA). Il garantit la double majorité des communautés catholique et protestante au parlement. Il assure le rapatriement de nombreux pouvoirs à Belfast, dont les systèmes judiciaire et policier, qui doivent être entièrement réorganisés. Même si l'Ulster reste membre du Royaume-Uni, l'accord garantit la mise sur pied d'organes de coordination entre l'Irlande du Nord et son voisin du Sud.

une population s'active. Cela a une petite odeur des années 70. Comme si, à Belfast, l'histoire n'avait pas suivi son cours et s'était figée depuis une vingtaine d'années.

C'est vrai que l'histoire s'est figée, me dit Eoin O'Broin, un jeune homme de vingt-cinq ans membre de l'organisation de la jeunesse du Sinn Fein. Ce militant professionnel fut de toutes les manifestations. Il est monté plusieurs fois sur le toit de l'hôtel de ville avec des banderoles pour faire ce qu'il nomme des *peace demonstrations* et exiger la libération de prisonniers politiques. Il organisait un peu partout de petites fêtes sauvages, avec musique et chansons traditionnelles, pour réclamer un meilleur financement des cours de gaélique. À n'importe quelle heure du jour, il brandissait des pancartes contre l'intimidation policière. Avec quatre accusations de désordre sur la voie publique contre lui, on ne peut pas le classer parmi les mous.

Comment a-t-il réagi à l'accord du Vendredi saint ? « D'abord mal, dit-il. Je n'y retrouvais rien qui puisse aider l'unification de l'Irlande et mettre fin à la domination britannique. » Puis, il s'est rendu compte que « c'est la première fois que les catholiques participent à la négociation à propos des institutions politiques de ce pays. [...] Je ne suis pas d'accord avec tout, loin de là. Ce n'est pas encore la paix et la fin de la violence, mais c'est une base pour faire enfin de la politique. »

Ce qui l'a finalement convaincu, c'est le dégoût de plus en plus visible de ses compatriotes. « Beaucoup de gens nous ont abandonnés à cause de la violence. Avec la paix, ils reviendront à nous et ça va renforcer notre parti. » Eoin conclut avec un grand sourire : « Les unionistes s'attendaient à ce qu'on dise non. On les a bien eus ! »

Ce nouvel et fragile orgueil démocratique vaut bien celui des cocktails Molotov. En attendant le désarmement complet, l'Ulster était encore en 1999 un véritable baril de poudre. La police estimait que des milliers d'armes et des centaines de tonnes d'explosifs étaient stockés un peu partout dans le pays. De véritables bunkers secrets existaient dans le sud-ouest et le centre. La police soupçonnait en particulier l'IRA provisoire de détenir entre 2 500 et 3 000 kilos de Semtex, un explosif dont un seul kilo peut détruire une maison. Certaines quantités étaient entre les mains de groupes nationalistes dissidents, comme l'IRA permanente et l'aile militaire du Comité pour la souveraineté des 32 comtés. Voilà ce qui inquiète toujours avec raison la minorité protestante.

Les groupes paramilitaires protestants, comme la Ulster Volunteer Force, la Ulster Defence Association (UDA) et la Loyalist Volunteer Force (LVF) n'étaient pourtant pas en reste. On les soupçonnait de posséder des quantités importantes de Powergel, un explosif tout aussi dangereux.

Les armes de combat allaient du simple pistolet aux missiles soviétiques SAM-7. L'IRA est soupçonnée d'avoir acheté ces derniers à la Libye dans les années 80. Selon les experts en armement, l'IRA détiendrait suffisamment de mitraillettes AK-47 pour équiper un bataillon normal d'infanterie.

Peu avant mon arrivée à Belfast au moment du référendum de 1998, d'étranges bouts de papier blanc avaient poussé avec le printemps sur le pont Ormeau. Retenus par des ficelles, ils flottaient au vent sur ce lieu charnière entre les quartiers catholique et protestant. Y étaient inscrits les noms de tous ceux qui sont morts depuis le début de cette guerre. N'importe quelle discussion dans un pub des quartiers catholiques de Belfast illustre ce que démontrent les sondages les plus complexes : l'écœurement des catholiques au bout de trente années d'une guerre civile larvée qui a fait 3 500 morts (dont 53 % de civils) et 50 000 blessés.

Robert Johnson en sait quelque chose. Ce travailleur social œuvre dans le ghetto catholique de Belfast-Ouest. Seul protestant dans ce milieu entièrement catholique, il s'occupe depuis des années des résidants qui ont des problèmes mentaux. Chaque jour, il côtoie les familles de ce quartier populaire qui est devenu son lieu d'adoption. « Avec le temps, les gens ont pratiquement oublié que je suis protestant », dit-il.

Au cours des années, il a vu les esprits changer au fur et à mesure que la vie quotidienne s'améliorait. Ces vingt dernières années, les habitants du quartier ont commencé à jouir de meilleurs revenus, ils ont eu accès à des emplois qui leur étaient auparavant inaccessibles, ils ont reçu de meilleurs salaires. Les commissions d'accès à l'égalité ont permis de combler en partie les inégalités entre protestants et catholiques. Il n'est donc pas surpris que l'accord du Vendredi saint soit allé chercher l'appui de 90 % des catholiques.

Mais surtout, répète-t-il, « les catholiques en ont assez de la violence. Ces dernières années, quelque chose a changé dans les têtes. Après quatre ans de cessez-le-feu, il était impossible de reculer. Il fallait trouver une façon d'avancer et de sortir de l'impasse. Je crois que même si l'accord du Vendredi saint volait en éclats, il ne serait pas possible de revenir en arrière. Pour la première fois, les Irlandais du Nord se sont mis à penser hors des divisions sectaires. Et je crois que ça va rester quoi qu'il arrive. »

Un pays schizophrène

Cela n'empêche pas les plaisanteries qui circulent à Belfast de décrire avec une ironie grinçante les divisions religieuses qui écartèlent la ville. L'une des plus connues ressemble à peu près à ceci :

Un badaud se promène tranquillement dans la rue quand un homme surgit derrière lui et pointe un revolver sur sa tempe. « Catholique ou protestant ? » demande l'assaillant. « Juif ! » répond la victime. « Juif protestant ou juif catholique ? » insiste l'homme armé.

John O'Farrell ne rate jamais son effet quand il raconte cette blague. Le directeur du magazine *Fortnight,* un des rares lieux d'échanges entre catholiques et protestants, m'a donné rendez-vous dans un bar à deux pas de la rédaction. « Drôle de pays que l'Irlande du Nord, dit-il. À Belfast, la division ne se voit pas, mais elle existe bel et bien. » O'Farrell décrit sa ville comme un jeu de piste dont on aurait oublié d'assembler les morceaux. L'étranger s'y promène en franchissant inconsciemment des frontières que l'autochtone traverse difficilement sans y penser. Ici, rien n'échappe au combat fratricide. D'ailleurs, les chauffeurs de taxi ne parlent jamais d'un quartier catholique ou protestant, mais d'un quartier nationaliste ou d'un quartier unioniste !

Le visiteur mettra du temps à découvrir que derrière le moindre restaurant, la moindre association étudiante se cache un territoire barricadé. Mais comment distinguer les « Jaffas » (protestants) des « Fenians » (catholiques) ? Un Noir et un Blanc, ça se voit. Un francophone et un anglophone, ça s'entend. Catholiques et protestants n'ont, en apparence, pas de signes distinctifs. Les Irlandais du Nord font pourtant la différence sans difficulté. Il leur suffit de quelques mots échangés et d'un regard bien placé.

Il y a d'abord les prénoms, explique O'Farrell. Tous les prénoms celtiques (Gaël, Patrick, etc.) sont évidemment catholiques, alors que les Robert sont généralement protestants. Mais la méthode n'est pas infaillible, car les exceptions sont nombreuses. Il faut alors faire intervenir d'autres critères. Comme les noms de famille. À défaut de ces derniers, on pourra toujours parler des derniers résultats sportifs : les protestants pratiquent le football alors que les catholiques préfèrent une version locale de la crosse. Enfin, vous pouvez toujours demander quelle école a fréquentée votre interlocuteur ou quelle rue il habite. Ça ne trompe pas !

Seuls les habitués sont capables de vous indiquer les bars du centre-ville, les rares écoles, les quelques lieux publics où catholiques et protestants se rencontrent. Ces lieux ont tous une caractéristique essentielle, une règle non écrite : on n'y parle pas politique !

« L'Ulster est un pays schizophrène, dit John O'Farrell. D'abord, ce n'est pas un pays, mais une entité administrative britannique. Ensuite, tous les habitants ont droit à deux nationalités. À la nationalité britannique, bien sûr, puisqu'ils naissent avec. Mais aussi à la nationalité irlandaise puisque la république indépendante du Sud offre à tous les habitants du Nord qui le désirent un passeport en bonne et due forme. »

Ce privilège est d'ailleurs très prisé par certains hommes d'affaires, protestants ou catholiques, qui n'hésitent pas à utiliser le passeport britannique pour commercer en Europe et celui de la République d'Irlande pour visiter les pays arabes, où les Britanniques n'ont pas laissé que de bons souvenirs.

Parmi les rares lieux de rencontre, le collège Lagan est situé en pleine campagne, à quelques kilomètres du centre-ville de Belfast. Il accueille un millier d'élèves également répartis entre catholiques et protestants. Lagan pratique une mixité complète, alors que les écoles d'Irlande du Nord sont rigoureusement séparées selon la religion — et souvent même encore selon le sexe !

Depuis sa fondation par un groupe de parents, en 1981, la direction filtre les admissions afin de préserver l'équilibre. *Quid* de ceux qui n'ont pas la foi ? L'école propose des cours obligatoires sur les deux religions. Chaque élève en saura donc autant sur ce qui a fondé le schisme protestant que sur le mystère de l'Immaculée Conception.

Après dix-sept ans d'existence, l'établissement a finalement été reconnu par l'État et il est aujourd'hui entièrement subventionné. Mais il n'a pas fait beaucoup de petits. Seulement trois autres collèges à Belfast et neuf dans toute l'Ulster pratiquent la mixité des religions. Au primaire, on compte à peine une vingtaine d'écoles de ce type.

« C'est une tendance nouvelle, mais qui se développe lentement, reconnaît timidement Paul Maxwell, membre de la direction du collège. Les écoles mixtes ne seront jamais majoritaires en Ulster. Les catholiques et les protestants sont trop attachés à leur identité. »

En cette journée quasi estivale, les élèves en uniforme bleu et gris — toutes les écoles d'Ulster imposent l'uniforme — sont en examen. Les autres se prélassent sous les arbres des jardins qui entourent l'établissement. Nicola Montgomery, une protestante de dix-sept ans, fréquente l'endroit depuis six ans. Elle l'a quitté une année, mais y est revenue, car elle ne supportait plus la ségrégation entre catholiques et protestants. Pourtant, Nicola va à la messe tous les dimanches. Chez elle, comme en Ulster en général, on ne rigole pas avec la religion.

« Ici, on est conscients qu'il y a deux communautés, mais on n'en fait pas de cas, dit-elle. On se sent plus détendus, car on ne se demande pas quelle religion pratiquent nos camarades. On les prend comme ils sont. C'est tout. Et on apprend à les connaître. »

Sa famille voit d'un mauvais œil l'accord du Vendredi saint. « Il y a trop d'inconnues, dit-elle. Et puis, tous ces prisonniers qui seront relâchés, ce n'est pas une bonne chose. Et ces armes qui circulent partout. C'est inquiétant. »

Son camarade de dix-huit ans, Allan Sheenan, grand, mince et catholique, est un chaud partisan de la réconciliation. Il ne se fait pourtant aucune illusion. « On aura peut-être la paix seulement dans vingt-cinq ans, dit-il, mais c'est la seule voie qui s'offre à nous. Dans ce processus, personne n'aura exactement ce qu'il veut. On peut, par exemple, ne pas être d'accord avec la libération des prisonniers politiques. Mais il n'y aura pas de désarmement autrement. C'est le début d'un long processus. »

Nicola l'écoute attentivement. La veille, elle a assisté à un concert de U2 près du port. Entre deux ballades rock, les leaders protestant et catholique s'y sont serré la main. Les élèves de son école faisaient partie des privilégiés qui avaient obtenu des billets.

Peut-être est-ce la faute à Bono. Juste avant de partir, elle m'a glissé : « En y pensant bien, je crois que je vais soutenir cette entente. Juste pour voir ce qui va arriver... »

L'empêcheur de penser en rond

La foule immense qui assistait au concert rassemblait des jeunes comme ceux que décrit dans ses romans l'écrivain Robert McLiam Wilson. Des jeunes ordinaires qui sont fatigués des incessantes luttes de clans et qui cherchent leur place dans cette Irlande ravagée par les déchirements et les bombes. Il faut dire que Wilson est un indésirable, un malcommode, un empêcheur de penser en rond.

« C'est facile de haïr un Noir ou un francophone. Mais quelqu'un qui a la même langue et la même couleur que vous, ça demande un effort considérable. Je crois que les Irlandais du Nord méritent pour cela le prix Nobel du racisme », dit-il les cheveux en broussaille à la terrasse d'un café de Belfast.

Romancier d'origine catholique, né à Belfast, Wilson est honni par les militants catholiques parce qu'il refuse de défendre la cause d'un parti identifié à une confession religieuse. On n'apprécie guère ce catholique de souche dans la capitale de la république du Sud, Dublin, car il n'a rien à reprocher à Londres. Peu porté sur les régiments et les organisations, il rejette aussi les castes unionistes de droite qui font la pluie et le beau temps dans certains quartiers de Belfast.

Loin des ghettos catholiques et protestants qui font de Belfast une ville assiégée, il habite d'ailleurs un des rares quartiers où se mélangent les confessions. Un ancien quartier ouvrier protestant envahi depuis peu par de jeunes yuppies catholiques qui ne se reconnaissent pas dans la stricte ségrégation dans laquelle ont toujours vécu leurs parents. Il faut le suivre le long des rues qui s'étirent, parallèles, entre Lisburn Road et la voie ferrée, et qui ressemblent aux paisibles avenues du Plateau Mont-Royal, à Montréal. Wilson, qui y a tous ses amis, cogne à toutes les portes pour présenter son visiteur québécois.

Né dans une famille de chômeurs à Turf Lodge, un des quartiers catholiques les plus pauvres de l'Ouest, il s'inquiète du sectarisme qui frappe ses compatriotes et estime qu'ils ne souffrent plus autant qu'auparavant de la discrimination. « La réalité est beaucoup plus compliquée que les républicains voudraient nous le faire croire. Ce n'est pas l'Afrique du Sud ici. Dans ce pays, on tue des gens parce qu'ils couchent avec la mauvaise femme. À l'école, on m'a appris à haïr les protestants. On "tripait" sur les armes et les fusils. Pourtant, on soutenait l'équipe de football de Liverpool. [...] En Ulster, il est impossible d'avoir un débat normal entre la droite et la gauche. On identifie la gauche aux républicains et la droite aux unionistes. Il n'y a pas de débat politique, seulement une guerre de drapeaux. »

Dans *Eureka Street,* Wilson raconte l'histoire d'un train qui transporte des manifestants s'opposant aux bombes de l'IRA et qui se retrouve stoppé net par une... bombe. Sur l'hostilité entre catholiques et protestants, il écrit : « Il s'agissait d'une haine pataude, capable de survivre confortablement en se nourrissant des souvenirs des choses qui n'ont jamais existé[2]. » À propos de son pays, il fait preuve d'une ironie grinçante : « Vieux pays ravissant, récemment coupé en deux, prévoir quelques travaux minimes de rénovation politique. Vente urgente[3]. »

Chez les nouvelles générations, dit-il, le débat politique est pourtant en train de changer. « Nos parents, selon qu'ils étaient catholiques ou protestants, ne se regardaient même pas. Dans ma génération, très influencée par le mouvement punk, nous avions des amis de religion différente. Mais nous connaissions toujours leur confession. La différence était incontournable. Mais ceux qui ont vingt ou vingt-cinq ans aujourd'hui ne savent même pas à quelle religion appartiennent leurs amis. »

Un signe ne trompe pas, dit-il. Si l'élite dans la quarantaine a souvent étudié à l'étranger et y est généralement demeurée, les plus jeunes qui fréquentent les universités américaines, britanniques ou canadiennes reviennent de plus en plus au pays. Ils reviennent, dit Wilson, avec une autre expérience de la démocratie. L'un des symptômes de

---

2. Robert McLiam Wilson, *Eureka Street,* Paris, Christian Bourgois, 1997, p. 230.
3. Robert McLiam Wilson, *op. cit.,* p. 217.

ce changement, croit-il, est l'indifférence avec laquelle sont accueillies aujourd'hui les actions meurtrières des deux camps.

Wilson se souvient d'une énorme bombe qui a fait plusieurs morts à deux pas du café où nous sommes. Il revoit exactement l'endroit où elle a explosé et ce qu'il faisait alors. « Deux jours après, rien n'y paraissait. La vie avait repris son cours. À défaut de pouvoir éliminer les groupes terroristes, la population a choisi de les ignorer, de faire comme si de rien n'était. Même chose pour les dirigeants politiques catholiques et protestants, qui sont les mêmes depuis des années. Les jeunes les ignorent tout simplement. »

C'est ce que l'écrivain met en scène dans *Eureka Street* et *Ripley Boogle*[4], des romans qui font le portrait d'une génération qui continue à faire l'amour et à s'amuser malgré les bombes et les explosions de haine. Si la réconciliation l'emporte, dit-il, « on verra rapidement que les hommes politiques actuels ne sont pas adaptés à la nouvelle situation. Il y aura un renouvellement. L'Irlande du Nord souffre d'un déficit démocratique. Une partie de la population sent que personne ne la représente. Ce combat est un vieux combat entre deux classes ouvrières en voie de disparition. »

Et la réunification du Nord et du Sud tant rêvée par les catholiques ? « Je m'en fous ! Ça va changer la couleur des cabines téléphoniques. Je vais parler la même langue, mais on va traduire le nom des rues. Dans la nouvelle Europe, cela va devenir superflu. Bientôt, les blocs linguistiques ne seront pas plus importants que les frontières. »

---

4. Robert McLiam Wilson, *Ripley Boogle*, Paris, Christian Bourgois, 1998.

Wilson s'intéresse à ce nouveau citoyen européen en émergence. L'un de ses prochains romans pourrait d'ailleurs s'intituler *Le Citoyen gonflable*. Il y sera question de sexualité, d'amour et d'un parking. « Un homme peut avoir des relations sexuelles avec une autre femme que son épouse. Mais vous remarquerez qu'il range toujours sa voiture entre les lignes blanches. » Il y sera aussi question des « Occidentaux qui enfilent leurs droits comme on enfile un manteau. La parure est belle et scintillante. Mais un manteau n'a jamais protégé personne contre un assassin. »
Robert McLiam Wilson n'en dira pas plus. Il n'imagine pas écrire autre chose que des romans qui mêlent intimement la fiction à la politique. « Je ne vois vraiment pas ce que je pourrais écrire d'autre. » En Ulster, il y a des rendez-vous auxquels on ne peut se soustraire.

Le « bon » roi Guillaume

Parmi les lieux incontournables de la capitale de l'Ulster, on trouve cet immeuble sombre sur Dublin Road, dans le quartier protestant. La vie ne semble pas y avoir changé d'un poil depuis quarante ans. Des hommes en complets sombres s'y réunissent sous l'une des innombrables photos de têtes couronnées qui tapissent les murs. On y parle, comme s'il était toujours vivant, du « bon » roi Guillaume d'Orange venu de Hollande par un 12 juillet de l'an de grâce 1689 renverser son beau-père, l'« affreux », « tyrannique » et surtout catholique Jacques II.
La grande loge de l'ordre d'Orange compte officiellement 70 000 membres en Irlande du Nord. Soixante-dix mille personnes, c'est exactement le chiffre qui permet encore aux protestants d'être majoritaires en Ulster pour

encore une vingtaine d'années, disent les démographes. Cette organisation d'une autre époque, férocement royaliste, réservée exclusivement aux hommes et connue pour ses défilés provocateurs en habits d'apparat dans les quartiers catholiques, n'en est pas moins un acteur majeur du débat politique irlandais.

Le débarquement orangiste est d'ailleurs commémoré chaque année avec chevaux et armures d'époque dans la petite ville de Carrickfergus où il a eu lieu. Depuis, l'effigie de l'héroïque roi Guillaume est partout en Ulster protestante. Elle est généralement accompagnée d'un provocant « *No surrender* » ou « *Remember 1690* », à quoi viennent répondre des graffiti catholiques du genre « *Fuck the Queen* ».

À la vue d'un Canadien, le secrétaire exécutif de l'Ordre, George Patton, ne peut s'empêcher de rappeler que l'organisation a tenu son congrès mondial à Toronto en 1982. George Patton a la nostalgie de cette époque où l'Ordre regroupait pratiquement un protestant sur deux, mâle évidemment. Selon lui, l'accord du Vendredi saint intervenu entre protestants et catholiques « est un simple arrangement politique qui ne réglera rien. L'assemblée bipartite et les votes à double majorité (catholiques/ protestants) ne fonctionneront pas. Ce sera la paralysie permanente. » Sans compter que « des terroristes pourront devenir ministres[5] et que nous sommes opposés à toute structure commune avec l'Irlande du Sud ». L'entente prévoit la création d'un comité Nord/Sud chargé de coordonner les politiques entre les deux parties de l'île. En lieu et place, George Patton propose rien de moins

---

5. Il ne croyait pas si bien dire puisque l'ancien commandant de l'IRA, Martin McGuiness, est devenu ministre de l'Éducation.

que le *statu quo*, soit une assemblée au vote majoritaire dans laquelle les protestants l'emporteraient évidemment à tous coups.

Depuis le référendum de 1998, l'action des orangistes a cherché à diviser suffisamment le vote protestant pour rendre l'accord inapplicable. « C'est du côté protestant que se joue l'avenir de l'Irlande », reconnaît John Gillen, porte-parole d'un groupe d'avocats protestants partisan du rapprochement des communautés. L'existence d'une faible majorité protestante en faveur de la réconciliation est cependant un événement historique. L'effet sera-t-il passager ou profond ? Les enquêtes poussées montrent que la libération des prisonniers est la question la plus délicate pour l'électorat protestant. Elle est surtout indissociable du désarmement de l'IRA.

C'est sur ces questions que l'Ulster Unionist Party de David Trimble, la principale formation protestante, a eu à subir ses plus sérieuses défections — comme celle de 6 de ses 10 députés, dont le populaire Jeffrey Donaldson. À trente-cinq ans, Donaldson est convaincu que le désarmement n'aura pas lieu et que le Sinn Fein continuera à siéger à la nouvelle assemblée sans avoir dissous l'IRA. Plus sérieux encore est le désaveu de Lord Molyneaux, ancien chef du parti jusqu'en 1995. À soixante-quinze ans, Molyneaux a fait campagne pendant le référendum aux côtés de l'extrémiste Ian Paisley, qu'il avait pourtant férocement combattu toute sa vie.

Trimble a signé, dit-on, parce qu'il est convaincu que la république d'Irlande n'a plus véritablement l'intention de récupérer cette province du Nord laissée aux mains des Anglais en 1921. Les 70 000 membres de l'ordre d'Orange, de leur côté, rêvent toujours de cette époque où l'Ulster était l'une des régions les plus prospères du Royaume-Uni. Un rêve qui n'a plus rien à voir avec la réalité.

Le miracle irlandais

Le touriste qui se pose dans la verte république d'Irlande (du Sud) s'attend à trouver un pays peinard où la population vaque tranquillement à ses occupations entre le pré traditionnel et la bourgade paisible. À sa grande surprise, il découvre plutôt une île en plein bouleversement. Un curieux mélange de circuits imprimés et de prière du soir, une tradition qu'a conservée le petit écran irlandais à travers les années.

Lorsque le même touriste survole l'Ulster, plus au nord, il détache difficilement ses yeux des grandes grues du port de Belfast où fut construit le *Titanic*. Sauf que les chantiers navals qu'il a sous les yeux n'ont pas mis de paquebot à l'eau depuis 1960.

Jamais les deux parties de l'île ne s'étaient autant tourné le dos. Pourquoi? Parce que, disent les mauvaises langues, les Irlandais du Sud, indépendants depuis 1921, en ont assez de la violence du Nord et voudraient bien profiter pleinement de la croissance économique qu'ils connaissent depuis dix ans. C'est pourquoi les habitants du Sud n'ont pas hésité à modifier leur constitution pour abandonner leur revendication territoriale à l'égard de l'Ulster.

En vingt ans, la roue de la fortune irlandaise a radicalement changé de direction. Ceux que les Irlandais du Nord regardaient de haut depuis quelques siècles sont aujourd'hui devenus un exemple de croissance économique admiré dans toute l'Europe.

Certes, l'Irlande ne connaît pas encore le niveau de vie de l'Allemagne ou celui de la Suède, mais elle atteint partout les moyennes européennes alors qu'elle était en queue de train il n'y a pas si longtemps. Graham Gudgin, directeur du Centre de recherches économiques d'Irlande du

Nord, reconnaît avec un certain dépit que ses voisins du Sud jouissent du taux de croissance le plus élevé d'Europe. À Dublin, la prospérité se lit sur les visages. Selon Finn Gallen, de l'Agence de développement irlandaise, plusieurs facteurs expliquent cette réussite. Alors que la plupart des gouvernements européens ont découvert leur déficit dans les années 90, la république d'Irlande a contrôlé le sien dès 1987. La même année, le gouvernement s'entendait avec ses employés pour limiter les salaires sur une période de trente mois, entente baptisée Partnership 2000.

Pendant que le taux de chômage passait sous les 10 % — il était de 19 % en 1987! —, le pays devenait l'une des principales portes d'entrée des grandes entreprises américaines en Europe. On ne compte plus les multinationales (IBM, Compaq, American Airlines, etc.) qui ont créé en dix ans un véritable réservoir de haute technologie. Cela inclut aussi des sociétés canadiennes comme Nortel, Alcan ou Corel.

La moitié de la force ouvrière irlandaise est aujourd'hui au service de grandes entreprises internationales. En 1996, le pays a attiré 13 % des « nouveaux investissements » européens (non liés à l'accroissement d'une production déjà en cours) et 30 % des investissements américains en Europe dans le secteur de l'électronique.

Que vous appeliez d'Amsterdam ou de Turin pour faire réparer votre voiture ou vérifier votre garantie, c'est souvent un jeune Dublinois qui vous répondra dans la langue européenne de votre choix. L'Irlande est la terre d'élection d'une soixantaine de centraux téléphoniques desservant toute l'Europe.

Et le miracle ne semble pas sur le point de s'arrêter puisque l'Irlande enregistrait récemment encore une croissance annuelle d'environ 6 %. En fait, explique Merriden Trevor, du magazine *Management Today*, les Irlandais ont été les premiers à jouir des subventions européennes au développement et ils en ont fait un usage judicieux à une époque où les Grecs et les Espagnols, pas encore admis au sein de l'Union, n'étaient pas dans la course.

Vieille terre d'émigration qui a peuplé l'Amérique du Nord, de Los Angeles à Verdun, l'Irlande est aujourd'hui un importateur net d'immigrants, explique Finn Gallen. « Beaucoup de familles irlandaises reviennent s'installer au pays. Le surplus était l'an dernier de 15 000 personnes. N'oubliez pas non plus que 50 % de la population a moins de vingt-cinq ans et que nos rues sont plus sécuritaires que celles de Brooklyn. »

Cette croissance surprenante est allée de pair avec le déclin des secteurs traditionnels de l'Ulster, ancienne perle industrielle britannique. Aux ouvriers protestants mis à pied par les chantiers navals, le Sud oppose aujourd'hui ses jeunes techniciens en informatique.

Le premier employeur du Nord n'est pas le canadien Bombardier, qui possède les usines aéronautiques Short, mais bien les forces armées, qui embauchent 21 000 personnes. À 87 % protestantes, ces recrues représentent 1 protestant sur 10 ! Sans l'armée et la police, l'Ulster aurait un taux de chômage catastrophique. Pas surprenant que la campagne référendaire destinée à approuver l'accord du Vendredi saint ait été rythmée par les annonces de subventions promettant aux habitants le retour de la croissance.

Le chancelier britannique Gordon Brown n'a pas hésité à saupoudrer plus d'un demi-milliard de dollars pour convaincre les indécis. Cet argent devait servir à attirer des investissements étrangers, à créer de nouvelles entreprises, à indemniser les victimes des attentats ainsi qu'à aider les policiers à prendre leur retraite. Bill Clinton y est même allé d'un demi-million pour créer de nouvelles institutions prévues dans l'accord et de cinq millions pour le seul projet du campus universitaire Springvale. L'Ulster n'avait jamais connu une telle avalanche de dollars.

Graham Gudgin croit pourtant que le retour de la paix pourrait ne pas changer grand-chose à la situation économique du nord de l'île. Les nouveaux emplois créés, dans le tourisme par exemple, pourraient tout simplement être perdus par les entreprises de sécurité, qui emploient actuellement 10 000 personnes !

Pour certains, le progrès économique de l'ancienne société rurale du Sud et le déclin du vieux bastion de l'industrie lourde du Nord ont contribué à rapprocher les deux sociétés. C'est ce qu'écrivait Tom Garvin, professeur à l'Université de Dublin : « Le Nord et le Sud n'ont jamais été aussi proches par leur type d'urbanisation, leur niveau d'éducation élevé, leur relative sécularisation et leur engagement envers l'Europe[6]. » Il ne leur reste plus qu'à s'en apercevoir...

* * *

Le laboratoire irlandais a frôlé la catastrophe à de nombreuses reprises. Et ce n'est probablement pas fini. Mais en dépit de la bouilloire qu'il représente souvent, il offre au monde un lieu d'expérimentation unique. Déjà les habitants d'Ulster qui le désirent peuvent jouir de la double nationalité britannique et irlandaise. Ensuite, dans le cadre du Royaume-Uni, l'accord du Vendredi saint permet la mise sur pied d'organes de coordination entre l'Irlande du Sud et l'Irlande du Nord. Pourrait-on imaginer

---

6. *The Irish Times,* 14 mai 1998, p. 18.

que demain les habitants d'Ulster inventent un statut unique et original ? Celui-ci aurait certaines caractéristiques de la souveraineté politique qui est celle de tous les pays de l'Union européenne. Il impliquerait aussi la participation pleine et entière au Royaume-Uni que la majorité anglaise n'est pas prête à abandonner. Mais il permettrait aussi la collaboration étroite entre les États du Sud et du Nord pour tout ce qui intéresse les catholiques d'Ulster. Cet État hybride n'est peut-être pas pour demain, mais il est sans doute le seul à pouvoir satisfaire une population qui n'a d'autre choix que le partage des souverainetés.

Slovaquie

Autopsie d'une séparation

Les gens qui s'imaginent que l'Amérique du Nord a inventé la société multiethnique devraient visiter la capitale slovaque. Il suffit pour cela de longer le Danube vers l'est à partir de Vienne. Pendant que le fleuve serpente paisiblement, le visiteur a tout le temps de réfléchir au nom qu'il souhaite donner à cet ancien avant-poste romain qui s'appelait alors Posonium. Il pourrait l'appeler Pressburg, le nom allemand de la ville, Pozsony, son nom hongrois, ou encore Bratislava, son nom slovaque qui est aussi le plus récent.

On a l'impression qu'ici les nations ne forment pas de melting-pot, qu'elles ne créent pas de mosaïque, l'une à côté de l'autre, qu'elles n'occupent pas l'espace, d'ailleurs réduit, mais qu'elles se distribuent plutôt dans le temps, pour ne pas dire dans les siècles. Vu des rives du Danube, le mélange des cultures semble une affaire de couches superposées et de lente sédimentation parfois agitées par de terribles secousses telluriques. La dernière en date a vu naître la Slovaquie quelque part en 1992. La secousse, qui fut ressentie dans toute l'Europe centrale, marquait l'irruption dans l'histoire de ce jeune peuple slovaque que le XIXe siècle avait classé parmi les « nations sans histoire ». Grand spécialiste de la *Mitteleuropa*, l'écrivain Claudio Magris, de Trieste, rappelle que « ce que dans la conception du XIXe siècle on appelait des "nations sans histoire", comme s'il s'agissait de communautés mythiques que la nature eût destinées à une éternelle condition paysanne et soumise, étaient des nations décapitées, à la suite de défaites militaires et politiques, privées de leurs classes dirigeantes[1]. »

À deux pas de l'Ukraine et de la Biélorussie, les Slovaques trouvent le moyen d'être au cœur d'une des régions les plus explosives du monde, tout en ayant connu un développement relativement pacifique. Lorsque j'ai découvert Bratislava, la ville portait encore les traces de suie de son passé communiste et commençait à peine à rénover son centre historique. Encore toute surprise de faire partie du club sélect des capitales du monde, elle se dépêchait d'en occuper toute la place.

* * *

« Mon grand-père est né en Austro-Hongrie, il a étudié en Tchécoslovaquie, fait son service militaire dans l'armée hongroise et s'est marié en URSS. Il a eu son premier fils de

---

1. Claudio Magris, *Danube*, Paris, Gallimard, 1988, p. 273.

nouveau en Tchécoslovaquie et le voilà à la retraite, citoyen de la Slovaquie. Mais le plus étrange, c'est qu'il n'a à peu près jamais déménagé de sa vie ! »

L'avocat Ivan Gyurcsik a parfois le vertige tant l'histoire de son coin de pays semble être une roue sans fin. Son sort est pourtant celui de tous les habitants de la jeune Slovaquie indépendante. Le 17 juillet 1992, la proclamation de la souveraineté de ce petit pays d'Europe centrale avait été célébrée par des feux de joie. Le 1er janvier 1993, c'est le silence qui a pourtant accueilli la disparition de la Tchécoslovaquie. Dans les cafés et les rues, personne n'avait le cœur à la fête pour célébrer la mort d'un pays dont on s'est empressé d'effacer le nom sur tous les documents officiels. Quelques années plus tard, ce nom n'existe plus que dans les manuels d'histoire.

En moins d'un an d'indépendance, les cris de joie et les slogans patriotiques avaient fait place à la désillusion. La moitié des Slovaques disaient alors qu'ils auraient préféré conserver un État commun. Nostalgie d'un grand pays de 16 millions d'habitants ou désenchantement dû à la crise qui a frappé la Slovaquie plus durement que son ancien partenaire ?

Bratislava, la prolétaire, au centre historique abandonné et aux cheminées qui crachent une fumée noire, n'a pas grand-chose à voir avec Prague la bourgeoise, devenue la première capitale touristique à l'est du Rhin et appartenant à l'un des pays les plus stables d'Europe de l'Est. Avec quatre fois plus de chômage et deux fois plus d'inflation que la République tchèque, la Slovaquie a vite découvert qu'elle était l'un des plus petits pays d'Europe centrale. Mais surtout l'un des plus pauvres et des plus mal en point. Comme si l'indépendance n'avait fait que révéler les traits particuliers de chacun sans rien changer au portrait d'ensemble.

Dans les restaurants et les cafés de Bratislava, on ne sent pas de haine envers les Tchèques. Seulement une grande déception. Peut-être parce que les deux peuples ne se sont jamais fait la guerre. Tout s'est passé comme si l'on avait tenté de régler en deux ans un débat que Canadiens et Québécois traînent depuis bientôt un demi-siècle. Sauf qu'ici on ne s'est embarrassé ni de commission d'enquête ni de consultations publiques... pas même d'un référendum.

En réalité, personne n'a eu le mandat de séparer la Tchécoslovaquie, la question n'ayant même jamais été inscrite dans un programme politique. La partition, votée après deux ans de négociations avortées, a suivi tout naturellement les élections de juin 1992. Le premier ministre tchèque, Vaclav Klaus, y avait défendu une « fédération fonctionnelle » plutôt centralisée, et son homologue slovaque, Vladimir Meciar, une confédération minceur dans laquelle la Slovaquie devait être « un sujet de droit international ».

« Un référendum n'aurait rien changé, dit l'ancien ministre des Affaires étrangères slovaque, Milan Knazko. Tchèques et Slovaques n'auraient pu que constater leur désir de sauver la Tchécoslovaquie, mais leur incapacité à y parvenir. Ce n'est pas le référendum de 1991 sur le maintien de l'Union qui a sauvé l'URSS. »

À Prague, on a cru qu'un simple changement de nom ferait l'affaire. En mars 1990, l'Assemblée fédérale décida d'appeler le pays République fédérative *tchécoslovaque* en tchèque et République fédérative *tchéco-slovaque* en slovaque. Le lendemain, 20 000 personnes manifestaient devant le parlement slovaque contre ce changement cosmétique.

L'historien Lubomir Liptak y était. À soixante-quatre ans, il n'a jamais signé un chèque de sa vie. Dans une pièce sombre de l'Institut d'histoire de Bratislava, il me raconte comment il fut privé de passeport pendant vingt ans et forcé d'occuper un emploi subalterne dans un musée. Son livre, *La Slovaquie des années 20*, fut retiré des librairies en 1968 pour cause de « nationalisme ». Aujourd'hui, le voilà qualifié de « fédéraliste » parce qu'il refuse de réécrire une fois de plus l'histoire en rejetant en bloc l'héritage tchèque.

« Bien sûr que les Slovaques auraient préféré conserver des liens avec les Tchèques, surtout les gens de ma génération pour qui Prague a longtemps représenté le progrès, dit-il. Ses intellectuels, inspirés de l'esprit des Lumières, ont été un phare pour nous tous. Mais, après quarante-cinq ans de dictature communiste, qu'avaient-ils à nous offrir que nous n'avions déjà ? Après les espoirs déçus d'un statut particulier au sein de la Tchécoslovaquie, en 1920 et en 1945, après l'autonomie factice accordée en 1968, les Slovaques n'avaient plus confiance. Et tant qu'à se joindre à l'Union européenne, ils se sont dit qu'ils pourraient le faire seuls. »

Malgré des langues semblables, Tchèques et Slovaques ont traversé l'histoire pendant des siècles sans se rencontrer véritablement. Ils ont fait partie de l'Empire austro-hongrois, mais les premiers ont développé leur culture et leur industrie sous la direction des souverains éclairés de Vienne, alors que les seconds, accrochés à leurs terres et à leurs montagnes, ont subi la domination hongroise pendant plusieurs siècles. Les Slovaques sont donc arrivés tardivement sur la scène de l'histoire. La première traduction de la Bible en slovaque date du XIXe siècle.

C'est en 1918 que Tomas Masaryk fonde la Tchécoslovaquie avec le soutien des Anglais et des Français. Issu du démantèlement de l'Empire austro-hongrois à la suite de la Première Guerre mondiale, cet assemblage hétéroclite permet de désenclaver la Bohême-Moravie, une des grandes puissances industrielles de l'époque, en lui ouvrant une porte sur l'Est afin qu'elle ne regarde plus seulement vers l'Allemagne. Quant aux Slovaques, ils en profitent pour échapper à une domination hongroise qui dure depuis mille ans. Mais la démocratie n'est pas synonyme d'égalité pour les Slovaques, qui en profitent pour réclamer un peu plus de pouvoir chaque fois que cela est possible. « La tactique du salami », dit Liptak.

En 1939, alors que Hitler s'apprête à dépecer la Tchécoslovaquie, les nationalistes slovaques, sous la direction de Mgr Tiso, un évêque catholique, fondent un État indépendant à la solde de l'Allemagne nazie. Encore aujourd'hui, les revendications nationales slovaques sont assimilées à ces années noires. Lorsque, après la guerre, la Tchécoslovaquie est reconstituée, la Slovaquie offre l'avantage d'avoir une frontière commune avec le grand frère soviétique tout en éloignant un peu les Tchèques de l'Allemagne.

« La Tchécoslovaquie a toujours été une construction de l'esprit, dit Lubomir Liptak. Tant que les Tchèques regardaient vers l'Est, la Slovaquie revêtait un certain intérêt. Aujourd'hui qu'ils regardent vers l'Ouest, elle est devenue un boulet. La séparation est difficile pour les gens de ma génération, qui ont toujours considéré les Tchèques comme un modèle. Mais les Tchèques d'aujourd'hui ne sont plus ceux de 1918. Les Slovaques aussi ont évolué. Ils partaient de loin. À mon époque, on imitait l'Académie des sciences de Prague. Mon fils me parle plutôt aujourd'hui des Allemands, des Français ou des Américains. Le plus dur pour moi, c'est de voir que les liens culturels se défont rapidement. »

À Bratislava, on raconte qu'une partie des dirigeants tchèques n'attendait que l'occasion pour se débarrasser d'une économie déficiente où le problème de la minorité hongroise (10 % de la population) risquait de créer des frictions avec le voisin du sud. Les sondages réalisés durant les mois précédant l'éclatement montrent que les Tchèques se sont faits à l'idée de la séparation plus rapidement que les Slovaques. En octobre 1992, 51 % des Tchèques souhaitaient la séparation, contre 37 % des Slovaques ! Comme si ces derniers se sentaient soudain dépassés par les forces qu'ils avaient mises en branle.

Le divorce en douceur

J'avais rendez-vous avec Sonia Cechova, la directrice de *Mosty,* un hebdomadaire qui a tenté de rebâtir des ponts avec les Tchèques, sans savoir que cette journée serait la pire de sa vie. Sur la façade grise, un inquiétant drapeau noir flottait au-dessus de l'entrée. Dans le local aux plafonds hauts, où des piles de journaux côtoyaient des ordinateurs préhistoriques, deux femmes d'un certain âge s'affairaient. « Vous savez certainement la nouvelle ? » La veille, le fils de Sonia, Vlado, avait trouvé la mort dans un accident d'automobile avec le président d'une petite formation fédéraliste. Sonia Cechova venait de voir son monde s'écrouler. Mais cette francophile dans la soixantaine tenait tout de même à me rencontrer.

« L'indépendance fut le résultat d'une guerre entre politiciens, dit-elle. Elle a débuté le jour ou le président Václav Havel, figure emblématique de la dissidence, a décrété un moratoire sur les ventes d'armes à l'étranger. Une décision d'intellectuel, pas de politique », qui scellait la disparition de 80 000 emplois et la mort de 30 % de l'industrie slovaque ! « Les conseillers de Havel étaient tous tchèques. Il n'a jamais abandonné un certain paternalisme à l'égard des Slovaques. Après son élection, sa première visite fut pour les Allemands, pas pour les Slovaques. »

Sonia Cechova se souvient de cette époque où Prague était « un petit Paris » où les Slovaques se sentaient chez eux. L'intelligentsia slovaque ne s'est jamais sentie opprimée. « Le complexe de domination était surtout présent parmi les classes pauvres et dans les campagnes. » À l'initiative de la revue que dirige Sonia Cechova, un chansonnier slovaque a créé un « parlement spirituel » qui regroupe 300 membres tchèques et slovaques. Cette « fédération spirituelle » se réunit tous les quatre mois. « Nous ne voulons pas pleurer sur la séparation, mais maintenir les liens. Il faut que la fédération continue à exister sur le plan spirituel et préserve un pont intellectuel entre les deux peuples. » Avant de me quitter, Cechova me fera remarquer qu'aucune fédération de l'Est n'a survécu à l'effondrement du communisme.

Pour l'avocat Ivan Gyurcsik, l'incompréhension entre Tchèques et Slovaques datait de longtemps. « Le slogan des démocrates tchèques du printemps de 1968 était "démocratisation ou fédéralisation". Comme si les deux objectifs étaient incompatibles. Les démocrates de Prague ont toujours estimé que la décentralisation n'était qu'un prétexte utilisé par les communistes pour ne pas démocratiser le pays. La séparation n'était pas nécessaire, mais elle a été le résultat de l'incompréhension mutuelle et de problèmes économiques graves : un taux de chômage de 3,4 % en Bohême et de 12 % en Slovaquie. L'élection de juin 1992 a été le point de rupture. Tchèques et Slovaques ont élu des partis et des gouvernements avec des programmes économiques opposés. Aucun programme politique ne parlait pourtant de séparation. Les Tchèques ont été incapables de comprendre la sensibilité des Slovaques. Seul Havel a essayé, mais sans succès. »

Quelle que soit la version qu'accréditera l'histoire, celle-ci ne pourra pas oublier la façon dont Tchèques et Slovaques ont partagé l'héritage familial sans verser une goutte de sang. Ce n'est pas rien dans cette région du monde.

Trois mois auront suffi pour séparer toutes les ambassades, rapatrier les fonctionnaires qui le désiraient, diviser l'armée et signer environ une trentaine de traités, dont une union douanière et des accords sur l'environnement, les taxes, l'emploi et la protection des investissements.

Un an plus tard, la partition était achevée à 95 %. Les biens et les dettes ont été divisés selon une proportion de deux pour un — il faut dire que la dette tchécoslovaque n'était que de 9,3 milliards de dollars. Les deux nouvelles républiques ont été reconnues en quelques semaines par les principales organisations internationales. À défaut de noces d'argent, le divorce de velours! Ce qui n'a pas empêché la banque centrale tchèque d'accuser les Slovaques d'avoir puisé un milliard de dollars dans les réserves communes à la fin de 1992. Les Slovaques ont quant à eux revendiqué plus de 1 000 œuvres d'art et 7,5 tonnes d'or entreposés à Prague depuis 1945.

« Notre séparation se compare à celle de la Norvège et de la Suède, en 1905 », dit l'ancien premier ministre chrétien-démocrate Jan Carnogursky, dont le frère vit à Montréal depuis 1968. « Elle s'est faite d'un commun accord. Ce fut plutôt facile, car le sentiment d'identité nationale était clair de part et d'autre. Les frontières n'étaient contestées par personne. Nous n'avions pas de territoires mixtes sur le plan ethnique, même si 55 000 Tchèques travaillaient en Slovaquie et 300 000 Slovaques en République tchèque. »

Impossible d'évaluer les coûts exacts de la séparation dans une économie frappée par la crise et en pleine transition, dit l'économiste Ivan Okali, de l'Académie des sciences de Slovaquie. « Il n'y a pas eu de représailles, ni de grand cataclysme. Mais tous les secteurs de l'économie slovaque, plus faibles que ceux de la République tchèque, ont souffert un peu. »

Dès le premier mois, les échanges entre les deux pays ont chuté de 30 %. Ceux-ci représentaient 27 % de la production slovaque et 11,5 % de la production tchèque. Il aura fallu un an pour qu'ils reviennent à la normale. Les transferts fédéraux de plusieurs dizaines de millions de couronnes dont bénéficiait la Slovaquie se sont envolés en fumée. Quant aux investissements étrangers, c'est surtout pendant les deux années de négociation qu'ils ont diminué. On estime à un peu plus d'un milliard de dollars la valeur des investissements reportés dans les deux pays pendant la période qui a précédé la séparation.

Les économistes parlent d'un ralentissement de la croissance d'environ 5 % pour les Tchèques et 10 % pour les Slovaques. « Mais en un an, le choc économique dû à la séparation a été absorbé », dit Okali.

La monnaie commune, qui devait durer six mois, n'a tenu que quelques semaines. Les Tchèques, qui n'y avaient jamais vraiment cru, commencèrent dès février 1993 à marquer leurs billets pour stopper la spéculation dont ils étaient les premiers à souffrir. Les couronnes tchèques — imprimées au Canada ! — et les couronnes slovaques furent rapidement introduites. En juillet 1993, la devise slovaque fut dévaluée de 10 %. Une monnaie commune dans des pays aussi différents aurait exigé « une coordination parfaite quasi impossible des politiques fiscales et monétaires », écrit Jaroslav Blaha, du Centre d'études et de documentation sur l'Europe de l'Est à Paris. Les deux pays n'ont plus maintenant qu'à attendre l'euro, la monnaie européenne.

Autre accroc : contrairement à Bratislava, Prague força les Slovaques qui se trouvaient sur le territoire tchèque à choisir l'une ou l'autre nationalité. En mars 1993, seulement 1 403 Tchèques avaient demandé à devenir slovaques — essentiellement des soldats et des policiers travaillant en Slovaquie. En Bohême et en Moravie, 30 000 Slovaques résidants avaient réclamé la naturalisation tchèque pour ne pas perdre leurs privilèges liés à l'emploi.

« Le plus difficile fut d'apprendre du jour au lendemain à faire du commerce international, dit Okali. Tout le savoir-faire était concentré à Prague. D'ailleurs, beaucoup d'investissements sont toujours financés dans la capitale tchèque et une grande partie de nos importations et de nos exportations passe encore par Prague. Bratislava manque cruellement d'experts internationaux. »

Tchèques et Slovaques savent qu'ils seront encore longtemps d'importants partenaires économiques. Les dirigeants des deux républiques ne se sont d'ailleurs jamais autant rencontrés que depuis la partition du pays et ils ont tout fait pour accélérer la construction de la zone de libre-échange de Visegrad qui regroupe aussi la Hongrie, la Pologne et la Slovénie. Bratislava y occupe une position stratégique puisqu'elle fait le pont entre les pays du nord et ceux du sud, à 60 kilomètres seulement de Vienne. La Slovaquie fait partie du second groupe de pays candidats à l'Union européenne, derrière celui que composent la République tchèque, la Slovénie, la Pologne et la Hongrie. Mais avant d'y accéder, il lui faudra faire la paix avec ses vieux démons.

La poudrière hongroise

Plus que le ressentiment entre Tchèques et Slovaques, l'effondrement de la Tchécoslovaquie aura mis en lumière les difficultés internes de la société slovaque. Alors que les

Slovaques avaient toujours été prompts à revendiquer leurs droits face aux Tchèques, ils se sont retrouvés du jour au lendemain responsables de leur propre minorité issue des anciens dominateurs, la minorité hongroise.

Laslö Molnar a vécu dix ans à Montréal. Mais en 1992, cet ingénieur chimiste dans la trentaine a eu le goût de retrouver les paysages où il avait grandi. Ni son emploi d'ingénieur chimiste à l'Université McGill, ni le confort relatif que lui offrait le Québec, rien n'a pu l'empêcher de répondre à l'appel qui venait de l'autre côté de l'Europe, de Bratislava, capitale de la nouvelle Slovaquie indépendante.

Laslö se disait que la démocratie dans un pays qui manque cruellement de scientifiques qualifiés lui ouvrirait toutes les portes. Que tout ce qu'il avait appris au Québec pourrait enfin servir aux siens. Bref, qu'une nouvelle vie l'attendait dans une Europe enfin débarrassée du communisme et de sa dictature.

Quelques années plus tard, dans son bureau poussiéreux, au premier étage d'un immeuble de la rue Prazska, près de la gare des chemins de fer, Laslö se demande parfois ce qu'il est venu faire ici. À deux reprises, il a postulé un emploi au ministère de l'Environnement. À deux reprises, il a été refusé. Il croit qu'on a rejeté sa candidature parce qu'il est hongrois. Bien sur, il n'a pas de preuves, mais il sait que les Hongrois forment à peine 2 % des effectifs de la fonction publique, alors qu'ils représentent 11 % de la population. Il sait aussi que depuis la partition de la Tchécoslovaquie, le 1er janvier 1993, les dirigeants slovaques ont multiplié les déclarations incendiaires contre les 600 000 Magyars qui vivent en Slovaquie.

Héritiers malheureux du dépeçage de l'Europe centrale après la Première Guerre mondiale, les Hongrois sont aujourd'hui saupoudrés un peu partout en Europe centrale, où leur sort n'est pas toujours enviable. Avec l'indépendance et la démocratie, ceux qui sont regroupés dans le sud de la Slovaquie ont soudain commencé à se comparer aux minorités de l'Ouest, à découvrir leur force politique et à rêver d'autonomie territoriale. C'est ce que la majorité des élus hongrois (maires et députés) réunis le 8 janvier 1992 à Komarno, à l'initiative notamment du Parti coexistence, ont voulu dire au gouvernement dirigé alors par Vladimir Meciar.

Après l'indépendance, les sujets de friction ont été nombreux. Dès la première année, Bratislava s'est fait un malin plaisir de démonter les panneaux affichant le nom des communes en hongrois. Un compromis a fait en sorte que les communes soient identifiées par deux panneaux : le premier (blanc) en slovaque et le second (bleu) en hongrois. Ce qui n'a pas empêché les habitants de Komarno (à 90 % magyars) de peindre le nom hongrois de leur chef-lieu, Komarom, sur les panneaux slovaques.

C'est après un débat animé qu'est entrée en vigueur la loi qui permet de donner aux enfants de la minorité hongroise... des noms hongrois. Auparavant, tous les noms étaient « slovaquisés ». Mais les organisations hongroises dénoncent toujours l'ajout, dans les textes officiels, du suffixe *ova* au nom de famille des femmes, une règle de la grammaire slave pas vraiment prisée par les Magyars.

Enfin, les Hongrois protestent contre la création dans leur région d'écoles slovaques alors que les écoles hongroises manquent dans plusieurs villages. Il faut dire que le droit des Hongrois à l'éducation dans leur langue n'est pas garanti dans la constitution adoptée immédiatement après l'indépendance. La minorité jouit d'un réseau public d'écoles primaires et secondaires, mais les Slovaques (et les Tchèques) ont toujours rejeté la création d'une université hongroise de peur d'en faire un centre du séparatisme hongrois.

Les leaders politiques slovaques sont sur la défensive.

L'un des hommes politiques les plus sympathiques à la cause hongroise, Jan Carnogursky, un démocrate-chrétien qui fut premier ministre, explique : « Le sud de la Slovaquie est toujours une espèce d'Alsace-Lorraine encore à vif. Vous savez, il y a eu deux guerres entre Slovaques et Hongrois en moins de cent ans. Des populations ont été expulsées de part et d'autre de la frontière. Ces plaies ne sont pas toutes refermées. »

En réalité, les haines sont plus anciennes encore. Il faut savoir que vers le milieu du XVIe siècle, les rois magyars étaient couronnés à Bratislava. Ce n'est qu'au XVIIIe siècle que leur capitale a été transférée à Buda. Bratislava n'est d'ailleurs devenue la capitale de la Slovaquie qu'en 1918. Jusqu'à la fin du XIXe siècle, l'enseignement s'y faisait en hongrois dans les écoles et en latin dans les universités. La langue vernaculaire n'y tenait aucune place. En 1918, Bratislava était encore composée à 41 % d'Allemands, 41 % de Hongrois et 16 % de Slovaques. La ville ne deviendra majoritairement slovaque — elle l'est aujourd'hui à 90 % — qu'après l'expulsion des Tchèques juifs par les nazis, en 1941. Cinquante ans plus tard, 25 % des habitants étaient de nouveaux arrivants venus des campagnes slovaques. La ville ne compte plus que deux écoles élémentaires hongroises pour une population de 20 000 Hongrois.

On comprend l'émoi qu'a suscité l'ancien premier ministre Vladimir Meciar en évoquant le 4 septembre 1997 devant 5 000 partisans la possibilité que la Slovaquie et la Hongrie fassent un « échange volontaire » de population. Et cela au moment où les Hongrois célébraient le cinquantième anniversaire de la fin de l'échange de plusieurs dizaines de milliers de Magyars et de Slovaques au lendemain de la Seconde Guerre mondiale. Ancien boxeur, Meciar avait rompu avec la tradition qui voulait que le sous-ministre de l'Éducation et le vice-premier ministre soient hongrois. Après l'assemblée de Komarno, Meciar s'est contenté de dire qu'il ne négocierait pas avec des gens qui veulent démanteler la Slovaquie.

En multipliant les déclarations incendiaires contre les Hongrois et les Tsiganes (qu'il a déjà qualifiés d'« arriérés mentaux »), le premier ministre a réussi à réveiller presque tous les vieux démons du pays. « Les Slovaques sont une jeune nation qui a longtemps été dominée, dit Ivan Gyurcsik. C'est pourquoi ils sont si sensibles à l'égard de leur identité. » Cette crainte est manifeste à Bratislava. Un sondage réalisé en 1991 par l'Institut d'analyse sociale de l'Université Komensky révélait que plus de la moitié des habitants du nord du pays était toujours prête à envisager la déportation des Hongrois de Slovaquie !

C'est dans cette région que se recrute la majorité des électeurs de Vladimir Meciar. Alors que les nationalistes prétendent que les Slovaques sont opprimés dans le sud, c'est là qu'ils enregistrent leurs résultats électoraux les plus médiocres. Mais les nationalistes slovaques n'en sont pas à un paradoxe près.

Laslö Molnar ne voit pas l'avenir de son nouveau pays en rose. Lui qui ne s'intéressait pas à la politique est entré dans les rangs des organisations hongroises. Si les déclarations incendiaires se poursuivent, il craint même que la situation dégénère. Pour tout dire, il s'ennuie presque du paisible débat entre francophones et anglophones qu'il a connu à Montréal.

* * *

Par temps clair, des hauteurs de Bratislava, on discerne les buildings de l'Organisation des Nations unies, à Vienne, situées à 60 km de l'autre côté du Danube. Pourtant, quelques décennies séparent toujours l'ancienne capitale des seigneurs de Hongrie de celle des princes de Habsbourg. Le parlement slovaque — qui n'avait exercé de réels pouvoirs que durant l'intermède du gouvernement fasciste de Mgr Tiso en 1939-1945 — ressemble beaucoup plus à celui de Moscou qu'à ceux de Prague ou de Vienne. Une dizaine de partis y sont représentés, dont aucun ne parvient à décrocher de majorité.

Depuis l'indépendance, les journalistes ont dénoncé de nombreux cas de censure. La rumeur et le complot ont longtemps tenu une large place dans les mœurs politiques. Il suffisait pour s'en convaincre d'écouter les responsables des relations publiques du gouvernement insinuer que les Tchèques étaient « peut-être » à l'origine de l'accident de voiture, le 1er septembre 1992, qui tua Alexander Dubček. Le leader du Printemps de Prague, en 1968, était slovaque.

L'élection d'une coalition dirigée par le chrétien-démocrate Rudolf Schuster, le 29 mai 1999, laissait croire que l'enfant terrible de l'Europe centrale avait tourné la page de l'instabilité et qu'en mettant fin à six ans de gouvernement de Vladimir Meciar, dont seize mois d'intérim présidentiel, la Slovaquie confirmait son choix en faveur d'un arrimage rapide à l'OTAN et à l'Union européenne. Mais Vladimir Meciar n'a pas dit son dernier mot : il compte reprendre sa place à la tête de son Mouvement pour une Slovaquie démocratique (HZDS) et se présenter à la présidence en 2002.

Pour les jeunes générations, l'indépendance est aujourd'hui une affaire classée, réglée, terminée. Il y a des choses plus pressantes, entend-on aujourd'hui à Bratislava, que de perdre son temps dans une guerre de drapeaux. N'empêche que, coincée au centre de l'Europe, la Slovaquie n'a toujours pas choisi clairement entre l'Ouest et l'Est, entre la démocratie et un gouvernement musclé.

Belgique

Le nouveau pacte belge

En mars 1999, tandis que Lucien Bouchard était de passage à Barcelone, le téléphone s'est mis à sonner dans le bureau parisien de Philippe Cantraine. Les appels en catastrophe venaient d'Ottawa, puis de Québec. Pourquoi ce soudain intérêt pour le représentant de la communauté française de Belgique au sein de la délégation belge à l'UNESCO? Tout simplement parce que le premier ministre québécois, en visite chez le président catalan Jordi Pujol, venait de réclamer du gouvernement fédéral le traitement que réserve la Belgique à ses communautés flamande (néerlandaise), wallonne (française) et allemande dans les organisations internationales. Représentant d'un pays qu'on ignore dans la plupart des débats internationaux et qui est surtout renommé dans le monde pour les plaisanteries qui circulent à son sujet, Philippe Cantraine avait pour une fois le sourire aux lèvres.

Quoi, cette « pauvre » Belgique pourrait donc servir d'exemple ? À un pays d'Amérique du Nord en plus ! Depuis trois ans, les communautés wallonne et flamande sont représentées officiellement au sein de la délégation belge à l'UNESCO. Elles y jouent un rôle plus important que l'ambassadeur nommé par le gouvernement fédéral. Dès qu'il est question de contenu, explique Philippe Cantraine, ce sont les représentants flamand ou wallon qui s'expriment. Ceux-ci s'entendent facilement pour intervenir dans le même sens. Les 60 000 membres de la communauté allemande de Belgique jouissent de la même prérogative, même s'ils ne s'en prévalent pas, faute de moyens.

On croit rêver lorsque Cantraine explique que l'ambassadeur fédéral accepte de bonne grâce de jouer un rôle subalterne, sans le traditionnel bras de fer canadien. Les représentants des communautés belges sont aussi présents chaque fois qu'une question les concerne à l'Organisation de coopération et de développement économiques (OCDE), à l'Union européenne, au Conseil de l'Europe et à l'Organisation mondiale du commerce (OMC). Ils ne sont pas à l'ONU, « bien que ce ne soit pas impensable », dit Cantraine.

La Belgique reconnaît à ses trois communautés le droit d'agir à l'étranger dans tous les domaines de leur compétence. Ce qui inclut, entre autres, l'éducation, la culture, l'audiovisuel et la radiodiffusion. La Belgique, comme le Canada, n'a pas de ministère de l'Éducation. Mais elle n'a pas non plus de ministère de la Culture, alors que le Canada en dissimule un sous l'appellation surréaliste de « ministère du Patrimoine ». Contrairement à ce qui passe au Canada, les compétences belges sont exclusives. Impossible d'imaginer une controverse comme celle qui oppose les gouvernements canadien et québécois sur le régime des prêts et bourses destinés aux étudiants. De même, le gouvernement belge a transféré à la communauté wallonne tout ce qui concerne la francophonie. Le représentant fédéral se contente de faire de la figuration dans les sommets de la Francophonie.

Plus que la mécanique constitutionnelle, c'est l'évolution de chaque pays qui explique la différence d'attitude entre le Canada et la Belgique, juge Philippe Cantraine, qui a été en poste à Québec de 1983 à 1988. Pays autrefois unitaire, la Belgique est engagée depuis vingt ans dans un large processus de décentralisation. Malgré des frictions entre Flamands et Wallons historiquement plus exacerbées qu'entre Québécois et Canadiens, les communautés sont finalement parvenues à renouveler le pacte qui les unit. À la suite de longues négociations, la distribution des compétences au sein de la fédération a été revue et la constitution, entièrement remaniée. Contrairement aux Québécois, les Belges ne vivent pas dans le quiproquo constitutionnel. Le Canada semble suivre un chemin inverse, dit Philippe Cantraine : « C'est un pays déjà très décentralisé... qui cherche son unité. »

Vingt-cinq ans de réformes

La Belgique ne serait donc pas le pays le l'apocalypse tranquille ? Celui dont tous les chroniqueurs ont prédit la disparition irrémédiable depuis au moins deux décennies ? Que ce soit à cause du conflit qui oppose Flamands et Wallons, des scandales financiers, sanitaires ou judiciaires, la Belgique ne devait pas franchir le cap de l'an 2000. C'était écrit. J'étais donc surpris en atterrissant à Bruxelles de découvrir un pays en pleine réforme constitutionnelle où se créaient de nouvelles assemblées, où les exécutifs assumaient de nouvelles compétences, où, bref, la vie politique semblait très loin de la lassitude et du désastre décrits à l'étranger. D'ailleurs, où est ce mouvement séparatiste qui menacerait tant la Belgique? Il n'existe pas, ou pratiquement pas.

Le dynamisme politique belge a de quoi surprendre toute personne habituée à la torpeur constitutionnelle canadienne. Les gens qui croient que la constitution est une industrie outaouaise se trompent de façon monumentale. Selon Xavier Mabille, du Centre de recherche et d'information sociopolitique, une petite institution de recherche francophone qui a des collaborateurs néerlandais, c'est une spécialité aussi belge que la bière et les frites.

On comprend pourquoi lorsqu'on découvre que le pays connaît une réforme constitutionnelle quasi permanente depuis 1970. Le 18 février de cette année-là, le premier ministre Gaston Eyskens avait averti le parlement que «l'État unitaire, tel que les lois le régissent encore dans ses structures et dans son fonctionnement, est dépassé dans les faits». La Belgique s'engagea alors dans une réforme constitutionnelle qui devait durer vingt-cinq ans. L'année 1980 consacre l'autonomie des régions (Flandre, Wallonie, Bruxelles) et des communautés (française, flamande et allemande). Les régions représentent le territoire et les communautés, les groupes linguistiques. Création typiquement belge, la communauté intervient indépendamment du territoire, dans les questions linguistiques et culturelles. En pratique, cette double structure n'existe que pour les Allemands et les Wallons, puisque les Flamands ont décidé de fusionner ces deux niveaux de gouvernement.

«À partir de ce moment, explique Mabille, il n'y a plus eu d'unité du pouvoir exécutif en Belgique.» Les années 1988 et 1989 ont été marquées par d'énormes transferts de compétences aux communautés et aux régions.

L'enseignement a été confié aux communautés, tandis que les transports et les travaux publics ont été attribués aux régions. Le premier ministre de l'époque, Wilfried Martens, avait dit que l'ampleur des réformes permettait désormais d'inscrire la Belgique parmi les États fédéraux. La dernière réforme, en 1993, a permis de refaire la numérotation des articles de la constitution et d'introduire, à l'article premier, la définition d'un État fédéral composé de communautés et de régions. « Moins importante que les précédentes quant aux transferts de compétences, c'est une réforme éminemment symbolique parce qu'elle consacre un vocabulaire », dit Mabille. Elle a notamment confirmé la capacité des communautés et des régions à agir à l'étranger dans tous les domaines qui sont de leur ressort.

En vingt-cinq ans, la Belgique a donc plus changé qu'aucun autre pays occidental, démocratique et industrialisé, dit Basile-Jean Risopoulos, ancien sénateur et député du Parti libéral. Personne ne se fait d'illusions, toutes ces transformations sont d'abord et avant tout le résultat des pressions autonomistes flamandes.

« Durant toutes ces années, on a véritablement créé une Flandre autonome qui a accompli de remarquables progrès avec une unité interne extraordinaire. Tous les grands secteurs de la société flamande (financier, économique, médiatique, sportif, social) sont aujourd'hui contrôlés en Flandre. Chapeau! Mais du côté francophone, c'est le drame. Les 3,2 millions de Wallons se cherchent et ont tendance au repli. Ils n'aiment pas les Bruxellois, qui ont toujours représenté l'État central. Les Bruxellois sont déboussolés. Une partie des Wallons et des Bruxellois rêvent encore de l'ancienne Belgique. Mais cette ancienne Belgique n'existe plus. Le tapis nous a été retiré de sous les pieds. »

Pour Paul Van Grembergen, de la Volksunie, un parti autonomiste flamand du centre droit, le fédéralisme belge a pour principe directeur de donner à chaque niveau de gouvernement toutes les tâches qu'il peut assumer. Cette subsidiarité doit s'opérer de bas en haut selon la forme d'une pyramide inversée qui part des communes et va jusqu'à l'Europe. La Volksunie fut en Belgique le premier parti à formuler cette philosophie. « Nous avons eu beaucoup de difficulté à la partager, car les États européens ont toujours été très centralisés, sur le modèle français du jacobinisme. »

Ce modèle avait dominé la Belgique depuis sa création. En 1830, la Belgique — qui n'avait jamais existé comme État indépendant — fut constituée sous la pression des Bruxellois et des Wallons. Elle avait auparavant vécu sous la domination bourguignonne, espagnole, autrichienne, avec des périodes de présence française, entre 1794 et 1814. Les divisions administratives, le pouvoir communal, l'appareil des lois et des décrets sont donc de tradition française.

Inspirée par la Révolution française, la Belgique se crée sous la forme d'un État centralisé et laïc. Mal adaptée à un pays multinational, la constitution d'alors reste un modèle de centralisation républicaine. Un modèle que les juristes belges ne craindront pas d'exporter au Siam et en Iran, dont les constitutions ont été concoctées à l'Université de Bruxelles.

Basile-Jean Risopoulos, pourtant wallon, n'hésite pas à décrire cette période comme un désastre pour les Flamands. « Au point de vue intellectuel comme au point de vue linguistique, les provinces flamandes ont descendu, une après l'autre, toutes les marches du déclin. Cela a d'abord été celui d'une langue qui n'avait plus d'auteurs, plus de littérature et qui s'est fragmentée en patois. Au XIXe siècle, la classe dirigeante issue du suffrage censitaire comptait entre 50 000 et 100 000 électeurs, tous francophones. »

« Le néerlandais n'est pas une langue d'enseignement universitaire », avait dit le cardinal Mercier, à Maligne, en 1909. Il a ajouté du même souffle : « La Belgique sera latine ou ne sera pas. » Le néerlandais subsistait à l'école primaire, mais à partir du secondaire tout était en français. Au XIXe siècle, avec le romantisme, le mouvement national flamand a pris un grand essor. C'est lui qui a si radicalement transformé la Belgique jusqu'à aujourd'hui. En 1914-1918 naît dans l'armée un mouvement de contestation contre les officiers wallons qui ne parlent pas néerlandais. Il faut dire que 80 % des simples soldats sont flamands et qu'on inscrit sur leur tombe : « Mort pour la patrie ». En français, évidemment !

La politique belge prend un tour nouveau quand apparaît le suffrage universel au lendemain de la guerre de 1914-1918. Les Flamands majoritaires vont d'abord reconquérir leur langue, imposer le bilinguisme, puis gagner une position économique dominante, plus en rapport avec leur poids démographique. Ce progrès va de pair avec le lent déclin de l'économie wallonne. En 1939, les activistes flamands collaborèrent avec les occupants allemands. S'ils ne s'étaient pas compromis aussi gravement, la plupart des experts sont convaincus que le mouvement flamand aurait triomphé trente ou quarante ans plus tôt.

Dans les années 60, des lois particulièrement draconiennes vont diviser le pays en véritables ghettos linguistiques. Les lois de 1962-1963 adoptées d'un commun accord par les deux communautés principales instaurent le clivage linguistique et l'unilinguisme en Flandre et en Wallonie. Seuls Bruxelles et ses environs restent bilingues. Leurs habitants peuvent choisir d'appartenir à l'une ou l'autre communauté. Aujourd'hui, selon le quotidien

Standaart, seulement 16,5 % des Flamands considèrent qu'ils connaissent bien le français. Chez les francophones, il n'y a toujours que 6 % ou 7 % d'usagers du flamand. Il faut dire que le français est présent en Flandre depuis un millénaire, ce qui n'a jamais été le cas du flamand en Wallonie.

La dissolution tranquille

Dans les rues de Bruges et de Gand, l'étranger de passage risque d'être mieux accueilli s'il demande son chemin en anglais que s'il y va de quelques mots français. Question d'atmosphère et d'attitude, le français est toujours perçu comme la langue du dominateur.

Pour désigner la séparation linguistique qui s'est opérée depuis trente ans, Risopoulos n'hésite pas à parler d'un « véritable génocide culturel ». « Il ne faut pas abuser du mot, mais on a assisté à une totale éradication du français en Flandre. On n'y trouve à peu près plus une classe, plus une école, plus un service religieux, plus un quotidien, plus une représentation politique en français, alors qu'il y a toujours une minorité francophone dans les grandes villes comme Gand, Bruges et Anvers. Il y avait pourtant une grande tradition de culture française dans ces villes illustrée par le poète Maeterlinck. Tout ça est terminé. On a choisi la purification linguistique et culturelle. »

Les francophones de Flandre ont aussi perdu la position dominante qu'ils détenaient dans les affaires, en particulier dans la Compagnie maritime belge d'Anvers, l'Union cotonnière de Gand, les mines du Limbourg, etc. Plusieurs parlent de nettoyage par le vide.

À l'exception des six communes à majorité francophone autour de Bruxelles, les conseils municipaux en région flamande doivent s'exprimer en flamand. Le vice-gouverneur du Brabant annule régulièrement des décisions municipales pour la simple raison que quelqu'un a prononcé une parole en français. « Tout cela est d'une bouffonnerie totale », dit Risopoulos, qui cite avec envie le cas de la minorité suédoise de Finlande, qui a conservé ses droits, ses écoles, ses prêtres et ses représentants politiques malgré la séparation en 1917. Réunis dans le même pays, Wallons et Flamands ne s'accordent pas les mêmes privilèges. « Il n'y a pas un francophone, même s'il connaît bien le flamand, qui ait une chance de faire une carrière quelconque en Flandre. Il ne suffit pas de parler le flamand, *Vlaams sprechen*. Il faut se sentir flamand, *Vlaams Would*. »

Pourtant, dit-il, « le grand problème, ce n'est pas l'agression flamande, ce n'est pas le triomphalisme flamand. C'est l'absence d'unité et de volonté commune des Wallons. Tant que la Wallonie et Bruxelles ne réussiront pas à se donner une véritable identité francophone, comme les Flamands l'ont fait, rien ne sera résolu. »

Car si la Belgique n'est pas au bord de l'éclatement, c'est peut-être qu'elle est imperceptiblement en train de se dissoudre. Telle est l'opinion de Paul Van Grembergen, député de la Volksunie. D'une part, dit-il, la politique extérieure belge est de plus en plus liée aux décisions de l'Union européenne et de l'OTAN, toutes deux basées à Bruxelles. D'autre part, presque tout ce qui concerne le bien-être immédiat des gens, leur vie de tous les jours, est dans les mains de la Flandre et de la Wallonie. L'État fédéral occupe donc de moins en moins de place dans la vie des Belges.

« Nous ne croyons pas à l'indépendance proprement dite, dit Van Grembergen. C'est une forme d'égocentrisme qui consiste à se replier sans respecter les autres peuples, dit-il. L'indépendance du XIXe siècle est une idée dépassée. Nous voulons plutôt que l'État fédéral donne ses pouvoirs à l'Europe, d'une part, et aux régions, d'autre part. Notre objectif est qu'à terme la Belgique ne soit plus nécessaire. La grande patrie, pour nous, c'est l'Europe. La petite, c'est la Flandre. Depuis plusieurs années, il n'y a pas eu d'affrontements entre Wallons et Flamands, et c'est tant mieux. On ne discute donc plus vraiment de l'existence de la Belgique. Cela n'empêche pas l'État de s'effriter. C'est une évolution lente et paisible. Il faudra peut-être vingt ans, deux générations, mais cela se fera sans qu'on se soit battu, sans qu'on ait même fait de référendum. Les États sont des structures qui ne sont pas éternelles. Quand elles sont dépassées, il faut les transformer.»

Voilà pourquoi les Belges sont les plus européens des Européens. Cette idée ne fait pas encore consensus en Belgique, mais elle progresse. Le principal parti de Flandre, le CVP (social-chrétien), a évoqué en 1991 l'éventualité que la Belgique ne soit tout simplement plus nécessaire. Comme un vieil outil mis de côté. Plusieurs ministres avaient rué dans les brancards. Mais l'idée reste forte au sein du parti. Les libéraux-démocrates du VLD favorisent eux aussi une Europe des régions. Les socialistes sont les plus réservés. Socialisme oblige, ce sont eux qui ont toujours accordé le plus d'importance à l'État belge.

Cette lente et paisible dissolution expliquerait-elle le peu de soutien que recueille l'idée d'indépendance dans la population flamande? Si les indépendantistes du Vlamms Block ont connu un succès comparable à celui du Front national français, c'est essentiellement à cause de leurs idées d'extrême droite. Il n'y a que 1 % ou 2 % de sa clientèle qui le choisit pour son programme indépendantiste. Un programme qui serait d'ailleurs peut-être plus populaire s'il n'était pas associé à l'extrême droite.

La plupart des Flamands ont des opinions politiques plutôt modérées : environ 10 % seulement soutiennent l'indépendance, alors qu'à peu près 30 % favorisent une autonomie encore plus prononcée. Or, malgré un quart de siècle de mouvement centrifuge, l'État belge continue à exister. Les coalitions se succèdent à Bruxelles sans qu'on ait vraiment de difficulté à en constituer de nouvelles. Contrairement au Canada, la Belgique n'a jamais élu de gouvernement indépendantiste. L'idée d'une séparation reste marginale, même si tous les partis flamands sont plus ou moins autonomistes.

Se pourrait-il donc que deux décennies de réformes constitutionnelles permanentes aient permis de réécrire le pacte qui unit Flamands et Wallons ? Du moins les Belges ont-ils cessé de croire à l'existence d'une seule grande nation belge. Le rêve républicain de 1830 a éclaté pour donner naissance à un État multinational, même si les Wallons ont encore de la difficulté à se percevoir comme une nation distincte, contrairement aux Flamands.

Cela pourrait même avoir redonné le goût aux Belges de partager certaines valeurs. On est loin de l'animosité des années 60, alors que l'Université catholique de Louvain, vieille de cinq siècles, était coupée en deux, et que sa composante française déménageait en Wallonie sous la pression des étudiants et des milieux politiques. Le chef du gouvernement flamand avait plaidé en 1993 pour une confédération. Depuis, les Flamands se sont consacrés au renforcement de leur région. Peu importe qu'elle appartienne à la Belgique ou, un jour, directement à l'Europe.

* * *

Plutôt que de hâter les choses, les Flamands semblent avoir décidé de laisser du temps au temps. C'est ce que me confiait un universitaire : « Nous avons déjà tous les ingrédients pour dire que la Flandre est indépendante. Nous avons un premier ministre, un gouvernement, un parlement, un territoire déterminé, un ministre des Affaires étrangères. Que voulons-nous de plus ? Pour la disparition de la Belgique, il n'y a qu'à attendre… » Il se pourrait aussi qu'en se faisant le plus discret possible, qu'en se retirant des champs de compétence revendiqués par les régions et les communautés, l'État fédéral belge ait trouvé une façon originale et inédite de se rendre… indispensable.

Les Navajos

This is Indian Land

Depuis un moment, les hommes ont la peau rouge et ridée comme la terre. Les vieilles portent des jupes bariolées et des bijoux turquoise. Un étrange dialecte monte de la radio, et les enfants qui jouent dans les supermarchés lancent de joyeux *ya tay* en guise de salut. Au bout d'une route poussiéreuse bordée de déserts sans fin, de rochers pastel et de motels climatisés, une affiche discrète indique : « *This is Indian Land* ».

Au milieu de nulle part, à cheval sur le Nouveau-Mexique, l'Arizona et l'Utah, s'étendent 64 000 kilomètres carrés de prairies, de montagnes, de forêts et surtout de déserts où vivent 200 000 Navajos, la plus grande et la plus puissante tribu indienne des États-Unis. Dans ce décor de fin du monde, 47 Indiens du Yukon, de la Colombie-Britannique, de l'Alberta, du Manitoba, de la Saskatchewan et de l'Ontario sont venus à l'école du pouvoir rouge.

Réunis au Navajo Nation Inn, seul motel de la capitale, Window Rock, ils apprendront comment fonctionne le premier gouvernement indien autonome d'Amérique, qui règne sur un territoire grand comme le Nouveau-Brunswick. Pendant que les bureaucrates d'Ottawa dissertent de leurs droits « inhérents », ils rêveront à ce que pourraient devenir leurs villages du nord, où il n'y a souvent pas l'ombre d'une commission scolaire. Des centaines d'Indiens du Canada, dont des Cris et des Mohawks du Québec, ont ainsi visité le pays navajo depuis quelques années.

Ce matin, c'est l'ouverture du Conseil. Les 88 délégués en jeans et queues de cheval arrivent dans le matin frisquet, puisque nous sommes à 2 000 mètres d'altitude. Ils posent leur Stetson sur les pupitres disposés en hémicycle. Le *speaker*, Nelson Gorman, salue les visiteurs devant l'emblème navajo, qui représente les quatre montagnes sacrées enserrant la réserve. Il lit l'ordre du jour, que les délégués adoptent en pressant sur un bouton qui commande un tableau lumineux suspendu au plafond. C'est là que le président Peterson Zah prononce chaque année son discours sur l'état de la nation. Si les débats ne s'étaient pas déroulés en anglais et en navajo — 25 % des Navajos ne parlent pas anglais —, on se serait cru à Washington. Dans le coin sud-ouest, le fauteuil du délégué du Bureau des affaires indiennes est vide depuis des années.

La Cour suprême américaine a décrit le gouvernement navajo comme un État « quasi indépendant ». Il possède sa propre Déclaration des droits, son Congrès, sa Cour suprême. Il perçoit les taxes qu'il désire et peut théoriquement légiférer sur n'importe quelle question. En pratique, le gouvernement navajo légifère dans les domaines qui ne sont pas de compétence fédérale. Ses tribunaux ont encore un pouvoir limité en matière criminelle, mais les lois navajos ont priorité sur celles des États. Avec 3 000 fonctionnaires et 11 ministères, l'État navajo administre l'éducation, la culture, les services sociaux, les ressources naturelles et perçoit des taxes commerciales de 22 millions de dollars par année. Les lois navajos remplissent 4 gros volumes de 2 000 pages. Le gouvernement compte imposer bientôt une taxe de vente, émettre des plaques d'immatriculation, et il a signé de nombreuses ententes avec les États sur la circulation routière et l'enseignement supérieur. La moitié de son budget de 287 millions de dollars vient de Washington (et de certaines subventions des États), qui est tenu par traité de fournir gratuitement aux Navajos l'éducation et les services de santé. Comme les Indiens du Canada, les Navajos ont droit à de nombreux services gratuits (logements, services sociaux, etc.) et ne paient pas de taxes. Seule exception, ils paient l'impôt fédéral.

« Nous sommes une nation dans une nation », dit Ray Baldwin, représentant du Conseil, pendant que les visiteurs retiennent leur souffle. « Ce n'est pas Washington qui nous a donné le droit de nous gouverner. Ce droit, nous l'avions bien avant l'arrivée des Blancs. » Les Navajos parlent de droits inhérents, un concept qui est né aux États-Unis et que revendiquent toutes les tribus américaines qui se décrivent comme des nations dépendantes à l'intérieur du pays *(domestic dependent nations)*. Fils de parents alcooliques, né dans le sud de la réserve, Baldwin représente le prototype de ces nouveaux leaders qui ont étudié à l'université et sont en train de bâtir un véritable gouvernement autonome au cœur de la plus puissante nation du monde. Lorsqu'un visiteur lui demande s'il est d'abord navajo ou américain, il répond « Navajo ! » sans hésiter.

Les fresques ocre de la grande salle octogonale du Conseil illustrent la déportation des Navajos au siècle dernier, leur emprisonnement à Fort Sumner, au Nouveau-Mexique, en 1864, et la signature d'un traité avec

Washington en 1868. Depuis, les Navajos ont doublé la superficie de leur réserve en achetant d'immenses terres en Arizona et au Nouveau-Mexique. « Nous sommes la seule nation du monde encore en expansion ! » dit le juge Raymond Austin de la Cour suprême navajo.

La création du premier conseil tribal a suivi de près la découverte de pétrole sur la réserve, en 1922. Les compagnies pétrolières cherchaient une signature à mettre au bas des contrats d'exploitation. « La propriété des ressources naturelles est le point de départ du progrès des autochtones », dit Byron Huskon, directeur adjoint du ministère des Ressources naturelles.

Sans elles, pas de pouvoir rouge ! Les droits sur le pétrole et le gaz rapportent aux Navajos 26 millions de dollars par année, et le charbon, 52 millions. On a découvert de l'uranium, mais il n'est plus exploité. Douze pour cent de ces revenus sont placés dans un fonds destiné à assurer l'avenir de la nation. Les Navajos viennent d'adopter une politique énergétique destinée à favoriser la transformation des matières premières sur place et à diversifier leur économie. Avec les tribus hopi et crow, ils ont formé le Council of Energy Resource Tribes. Une sorte d'OPEP rouge. Sans ces revenus, il n'aurait jamais été possible de fonder le Collège communautaire navajo, qui accueille 2 000 étudiants disséminés sur 6 campus. Le gouvernement navajo fournit aussi près de 40 % des fonds nécessaires aux 4 000 bourses d'études distribuées dans la réserve.

Les Indiens du Québec ont de bonnes raisons de s'intéresser aux Navajos : cette tribu s'apprête à revendiquer une partie des profits du barrage de Glen Canyon, un ouvrage gigantesque construit en 1957 sur le Colorado aux confins de la réserve et dont l'électricité est vendue jusqu'en Californie. La stratégie des Navajos est simple, explique Byron Huskon : « D'abord faire reconnaître nos droits sur la vente de l'eau, puis, plus tard, sur les profits du barrage. »

Un règlement qui date de 1908 reconnaissait déjà aux Navajos le « droit de premier utilisateur » sur les eaux du Colorado et de la San Juan. Leurs représentants ont été acceptés aux tables de négociations chargées de répartir entre les États les revenus tirés de cette eau. Dans une région où il n'y a que 17 centimètres de précipitations annuellement, la rente sur seulement 17 % des eaux du Colorado représente un pactole virtuel de 14 milliards de dollars, selon le planificateur Jacques Seronde. Sans compter les profits provenant du barrage.

Rodger Boyd a quitté son chic bureau de lobbyiste à Washington pour un bâtiment en contreplaqué le long de la route 264 qui traverse la réserve d'est en ouest. « Quatre-vingt pour cent des revenus de la réserve sont encore dépensés à l'extérieur, dans les *boom towns* de Gallup, Flagstaff et Farmington. Ça suffit ! »

Boyd a créé un fonds de 18 millions de dollars d'aide aux entreprises, dont les effets se font déjà sentir : un motel, deux centres de villégiature, deux restaurants, une société pétrolière et gazière et une usine de frites viendront bientôt s'ajouter à l'usine de missiles de General Dynamics, aux cinq centres commerciaux et à la centrale électrique au charbon que compte la réserve. Il est aussi question d'une fabrique de semelles, d'une usine d'assemblage de petits avions et d'une banque navajo. Boyd m'interroge d'ailleurs sur les Caisses populaires Desjardins. Un référendum pourrait bientôt légaliser la vente d'alcool pour favoriser l'industrie touristique. En tout, 7 000 emplois sont sur la planche à dessin.

À l'école du gouvernement ethnique

Peuple d'éleveurs et d'agriculteurs, les Navajos ont toujours su s'adapter. Ils ont commencé par adopter le cheval, puis le pick-up et les moyens de communication modernes. La radio et la télévision parlent navajo : KTNN explique, entre deux rengaines country, comment les cousins du Nord font le sirop d'érable ! Pendant la dernière guerre, le navajo servait de code sur les ondes radio pour déjouer les services secrets japonais. Les Navajos ont aujourd'hui leurs propres compagnies de téléphone et même un petit centre de recherche scientifique.

Ils ont aussi appris à monnayer les beautés de leur royaume. Oscar Detsoi accorde 250 permis de tournage par année qui coûtent jusqu'à 2 000 dollars par jour. Lors de mon passage, deux équipes japonaises, une de New York et une d'Arizona, tournaient des messages publicitaires ou des documentaires. Pas un fabricant de voitures ou de cigarettes qui n'ait posé ses hélicoptères sur les grands monolithes rouges de Monument Valley, immortalisés par John Wayne dans *Stagecoach (La Chevauchée fantastique)*.

Certes, la pauvreté n'est pas disparue de la réserve. De nombreux Navajos vivent toujours de l'aide sociale, les fermes dispersées sur un immense territoire n'ont souvent pas l'électricité et le revenu moyen des Navajos de la réserve est très inférieur à celui des Blancs qui vivent autour. Mais les Navajos vivent mieux que la plupart des Indiens des États-Unis ; leurs petites maisons coquettes et leurs voitures récentes témoignent d'un début de prospérité.

Le boom économique a même conduit l'ancien président Peter MacDonald derrière les barreaux. Ce grand prêtre du « miracle navajo », surnommé « McDollar », a été accusé d'avoir touché des pots-de-vin dans l'achat d'un ranch de 33 millions de dollars. Les Navajos se consolent en se disant que MacDonald a été arrêté par des policiers navajos et jugé par des tribunaux navajos. « C'est la preuve que le système fonctionne », dit Robert French, directeur du Bureau d'éthique et des règlements.

Les Indiens du Canada, peu habitués à un tel langage, n'ont posé que quelques questions polies aux stratèges économiques navajos. Comme si tous ces projets n'étaient que de lointains mirages sans commune mesure avec la misère de leurs petits villages du Nord. Dédaignant le pétrole et les royalties, ils n'avaient d'yeux que pour les tribunaux et la police navajos, symbole par excellence, selon eux, de la souveraineté autochtone. « Le début de l'autonomie, c'est de se débarrasser de la GRC », disait avec amertume Dolphus Buffalo, un Cri d'Alberta élevé par les sœurs de l'Assomption.

Il faut dire que le sergent Francis Bradley et sa jeune recrue leur en mettaient plein la vue. Insignes rutilants et galons dorés sur un uniforme marron, ils affirmaient sur le ton des prédicateurs du Sud que les 230 agents navajos sont les meilleurs des États-Unis. Formés à l'Académie de police navajo, ils répondent aux exigences de quatre gouvernements grâce à leurs 624 heures de cours. Intarissable, Bradley contait ses exploits dans la lutte contre les « gangs autochtones » et la « route de la drogue » qui vient de Californie. On se serait cru dans *Miami Vice*. Lorsqu'il sera retraité, Bradley dit qu'il écrira des romans policiers, comme Tony Hillerman, l'écrivain à succès d'Albuquerque qui a mis en scène les policiers navajos Chee et Leaphorn.

L'apparente similitude entre les institutions blanches et navajos n'empêche pas la culture millénaire des premiers habitants de l'Ouest américain de percer partout sous le vernis. Les prières anciennes ont droit de cité à la Cour comme au Conseil. Les victimes d'abus sexuels sont traitées lors de cérémonies mystiques par des *medicine men*. Ceux-ci jouissent d'une autorisation spéciale du Congrès américain qui leur permet d'acheter à des revendeurs texans la plante hallucinogène qui contient la mescaline, le peyotl.

Au Collège communautaire de Tsaile, David Begay dirige un groupe chargé d'introduire la philosophie et les traditions autochtones dans l'enseignement de la physique, des arts, de la sociologie, etc. La télévision diffuse des danses religieuses et des *shoe games*, jeux de hasard dont personne ne veut me dire un mot... car on ne peut en parler qu'en hiver! Les Navajos aiment cultiver le mystère. Je devrai donc revenir. Plusieurs coutumes et chants religieux restent interdits aux *biligaana* (étrangers). De nombreuses familles sont encore opposées aux mariages mixtes.

Les juges du palais de justice de Chinle accueillent leurs visiteurs canadiens avec de la soupe de mouton au maïs et des galettes frites arrosées de coca-cola. Le *medicine man* Fred Miller prononce ensuite la *sodizyn*, une prière traditionnelle. Celle-ci ouvre une séance de conciliation entre un père incestueux, son épouse et leurs enfants. Une travailleuse sociale, appelée *peacemaker*, dirige les échanges devant des amis de la famille venus entendre la cause.

Ces rencontres publiques sans juge ni avocat remplacent souvent les procès, jugés peu conformes au *hozhooji*, le « principe de beauté et d'harmonie ». La justice navajo compte 17 juges et 78 *peacemakers*. Parmi ces derniers, on trouve aussi bien des professionnels que de vieux sages analphabètes. Tous sont chargés de rétablir l'« harmonie » en cas de conflit. « Nous avons toujours eu des problèmes avec le système de justice vertical américain. Les Navajos ne sont pas supérieurs aux animaux, aux montagnes, aux plantes », dit Philmer Bluehouse, coordonnateur des *peacemakers*. Il avertit ses invités : « N'acceptez pas les modèles blancs ! »

Mais qu'est-ce qu'un Navajo? «C'est celui qui possède 50 % de sang navajo», répond Raymond Austin. «Faites-vous des prises de sang?» ai-je demandé en riant. «Pas du tout, c'est le gouvernement indien qui décide qui est navajo.» L'enfant d'un Blanc et d'une «Navajo pure laine» est ainsi membre de la réserve puisqu'on estime qu'il possède 50 % de «sang navajo». Celui d'un Blanc et d'une Métisse en est exclu, puisqu'il n'en posséderait que 25 %. Chaque année, le registre de la tribu est mis à jour. Impossible de devenir navajo autrement.

Hardie Philips n'a rien d'un *wanna be*, ces étrangers en mal de folklore qui se peignent en rouge et s'habillent en Indien le temps d'un été. Seul Blanc à jouer dans l'orchestre rock local, appelé Borderline, il est revenu à Window Rock après trois ans passés dans les marines. Il a épousé une Indienne et dirige le centre communautaire. Ses enfants passent l'été chez leur grand-mère, qui leur raconte les légendes autochtones. Après trente ans sur la réserve, Hardie a appris à traîner la langue en parlant et à pointer le bout des lèvres vers son interlocuteur, comme font les vrais autochtones.

«Je parle même navajo quand je suis saoul! dit-il. Mais je ne serai jamais un vrai Navajo. Je ne pourrai jamais posséder de terre sur la réserve ni détenir de bail à long terme.» Les Navajos, comme les Indiens des réserves canadiennes, ne possèdent pas personnellement la terre, mais détiennent un droit d'usage qu'ils peuvent céder à leurs enfants. «Je n'ai pas le droit de vote. Les écoles et les hôpitaux gratuits me sont interdits. Si on m'arrête, je serai jugé à St. John, à une heure d'ici. C'est ridicule.»

Mais Hardie ne se plaint pas. Il se souvient de la terrible pauvreté qui régnait autrefois. Personne ne remet en question ce type de gouvernement, qui serait ailleurs qualifié de raciste. Interrogé sur la ségrégation qu'implique un gouvernement fondé sur la race, Tom Arviso, directeur de l'hebdomadaire *Navajo Time*, explique que la réflexion n'est guère avancée sur le sujet. « Ce sont pourtant des questions que nous devrons nous poser un jour », dit-il.

Pour le traditionaliste Donald Denetdeal, petit-fils du grand-chef Ganado Mucho et professeur d'histoire, « les Navajos tiennent absolument à un gouvernement composé exclusivement de Navajos ». Pas question de laisser les Blancs voter ou être élus. Denetdeal a accroché aux murs de son bureau les photos de ses amis. Ronald et Nancy Reagan, George et Barbara Bush y côtoient Rodney Grant, vedette de *Il danse avec les loups*. Denetdeal a siégé à plusieurs comités fédéraux. Il est partisan du retour au gouvernement traditionnel formé d'une Chambre haute, composée de 12 chefs de guerre, et d'une Chambre basse, composée de 12 chefs de paix. « À condition bien sûr de changer le nom des chefs », dit-il. Car s'il est encore *politically correct* de fonder sur le sang l'appartenance à une communauté et les droits civiques qui en découlent, il n'est plus de bon ton de parler de guerre.

* * *

« Cinq cents ans après leur premier contact avec les Blancs, les Navajos sont de retour vers le futur [*Back to the future*] ! dit le juge Raymond Austin. Nous avons fait un cercle complet pour revenir à nos origines », cette fois avec les moyens et les techniques d'une nation moderne. Aujourd'hui, les Navajos ont une des plus fortes croissances démographiques de toutes les minorités américaines.

Gorgés de mots et d'images, les visiteurs du Nord sont repartis un peu abasourdis. « Il faut suivre la voie des Navajos », disait la plupart à travers les mots de Rose Charley, chef de la nation salish, de Colombie-Britannique. « Tout ce que j'ai vu ici est applicable au Canada. C'est pour cela qu'il faut négocier avec Ottawa et non avec les provinces. » Plus les Navajos parlaient et plus la colère montait chez leurs visiteurs. Certains semblaient écrasés par l'immensité de la tâche, comme s'ils avaient hâte de quitter ce paysage lunaire pour revenir sur terre. Perchés sur les hauts plateaux du Colorado, les Navajos aiment dire qu'ils sont plus près de Dieu que n'importe qui. Pendant que le ciel s'embrasait, l'affiche rouge « *This is Indian Land* » disparaissait lentement dans le rétroviseur.

Conclusion

Le dur désir d'être aimé

> *The Tower of Babel was meant to be unitary in character; a single great building, reaching to the sky, with one language for everybody. The Lord didn't like it*[1].
>
> Isaiah Berlin

On achève un voyage comme on conclut un livre. En fait, les deux ne se terminent jamais. Ils se poursuivent dans la tête de leur auteur et les paysages ne cesseront plus jamais de défiler. Mais puisqu'il faut une fin à tout, disons

---

1. « La tour de Babel devait être unitaire ; un seul grand building touchant au ciel avec une seule langue pour tous. Dieu n'en a pas voulu » (extrait d'une interview accordée au *New Perspective Quarterly*, vol. 8, n° 4, automne 1991, p. 4).

que cette traversée des petites nations s'est arrêtée quelque part à Paris. Je regardais les colonnes de la place de la Nation, au sommet desquelles trônent Philippe Auguste et saint Louis, pendant qu'à la télévision Bill Clinton passait en revue la garde slovène à l'aéroport de Ljubljana.

Qu'il était beau, au lendemain du carnage kosovar, de voir l'homme le plus influent de la planète aux côtés du président d'une des plus petites républiques européennes longtemps ignorée de tous ! Qu'il était ironique pourtant de voir les maîtres du monde dire avec dix ans de retard que l'indépendance de ce petit pays tourné vers l'Europe était exemplaire de démocratie et de respect des droits humains ! Ironique de le voir enfin cité en exemple à tous ceux qui cultivent la haine ethnique dans cette région du monde.

Il n'en a pas toujours été ainsi. L'écrivain Milan Kundera s'était porté à la défense de ce petit peuple, mais on ne l'avait pas écouté, convaincu que le nationalisme était toujours et partout un ennemi à combattre et que le virus ne s'attaquait qu'aux nations minoritaires et, étrangement, jamais aux grandes. L'indépendance slovène, qui est un accident de l'histoire comme on l'a vu, a mis du temps à être reconnue. Sans Helmut Kohl, qui a tordu le bras à François Mitterrand et hâté la reconnaissance américaine, on y serait encore. Combien de temps avons-nous mis à entendre les cris des Albanais du Kosovo ? C'est que les grandes puissances, la France et les États-Unis au premier titre, ont longtemps préféré le nationalisme criminel et raciste de Milosevic à celui paisible des Slovènes, qui n'avaient jamais manifesté dans les rues pour leur liberté, qui ne souhaitaient rien de plus qu'une nouvelle confédération yougoslave respectueuse des nations, des petites comme des grandes.

Pourquoi cette inclination universelle pour le nationalisme des grands ensembles ? À fanatisme égal, pourquoi celui des grands États est-il considéré comme un moindre mal ? D'où vient cette préférence pour le « *big is beautiful* » au détriment du « *small is beautiful* », deux idéologies qui ne sont pourtant que le miroir l'une de l'autre ? Tout se passe souvent comme si le nationalisme des grands pays n'existait tout simplement pas. Comme si le fardeau de la preuve reposait toujours sur les petits. Cela, des dizaines de personnes au cours de ce voyage me l'ont répété dans toutes les langues. Toutes semblaient désemparées devant cet aveuglement moderne, non pas à rejeter le nationalisme — quel démocrate ne voudrait pas s'en débarrasser ? — mais à soutenir chaque fois au nom de cette prétention celui des grands ensembles alors qu'on ne pardonne rien aux petits. Et je ne parle plus de la Yougoslavie.

Le soupçon permanent dont sont l'objet les petites nations s'est non seulement vérifié au cours du carnage yougoslave, il se constate tous les jours dans des régions du monde combien plus paisibles. Jacques Chirac n'aurait rien d'un nationaliste lorsqu'il invoque l'honneur de la République française sur un ton pompeux et refuse d'amender la constitution pour permettre l'adoption de la Charte des langues régionales. Les Corses le sont, eux, avant même d'ouvrir la bouche. Même chose pour les Catalans, alors que les envolées patriotiques publiées dans les journaux de Madrid sont souvent d'une virulence à faire peur aux rares indépendantistes de Barcelone. C'est avec une grande fatigue que Bernardo Atxaga me confiait dans son coin de pays : « Pourquoi sommes-nous toujours désignés comme des nationalistes, les seuls nationalistes ; pourquoi ce ne sont jamais les autres ? »

* * *

Cette incompréhension est à la source d'un ressentiment tenace. Car il en va des nations comme des individus, elles existent d'abord et avant tout dans le regard des autres. C'est peut-être l'autre grande leçon de ce voyage. Si le cadre national peut être émancipateur ou oppresseur, selon le lieu et l'heure, les nations ont, quelles qu'elles soient, irrémédiablement besoin de reconnaissance. Elles ont le dur désir d'être aimées.

C'est ce dont me parlait le directeur du *Nouvel Observateur*, Jean Daniel, lors d'un entretien dans ses bureaux de la place de la Bourse à Paris. « La reconnaissance n'est pas seulement un besoin, elle est indispensable. C'est ontologique. Cela fait partie de l'être. Si vous n'avez pas la reconnaissance formelle de la dignité personnelle, vous n'avez pas d'identité. Le regard d'autrui a une fonction sociale, une fonction d'accouchement de l'être. Donc, l'idée d'accéder à la dignité par une reconnaissance me semble une évidence très forte. »

Les nations que j'ai traversées ne subissent pas d'oppression coloniale. Si elles l'ont subie un jour, elles ont pour la plupart conquis le droit à leur langue et sont en voie d'obtenir l'égalité économique de leurs citoyens. Mais au cœur de leur vie politique réside la question essentielle de la reconnaissance nationale. Question imaginaire, mythologique et théorique ? Certes. Mais les nations ne sont pas faites d'autres matériaux !

C'est probablement ce qui explique le calme des Écossais. Reconnus depuis toujours comme un peuple distinct, ceux-ci n'ont pratiquement aucun ressentiment national contre Londres, sinon celui que peut éprouver n'importe quelle région éloignée de la métropole. La « nationalité » catalane est aussi reconnue dans le statut des « autonomies » espagnoles qui ont cimenté après Franco l'union volontaire des nations ibériques. Toutes ont entériné par référendum cette reconnaissance au cœur du pacte multinational qui a assuré la croissance phénoménale de l'Espagne depuis vingt ans. Toutes... sauf les Basques. Si les revolvers se taisent enfin, les mois ou les années qui viennent diront si Madrid aura avec ce peuple têtu l'intelligence qu'eut Juan Carlos avec les Catalans après la mort de Franco.

Les cas belge et britannique l'illustrent à souhait, les nations dialoguent, elles s'interpellent, elles signent des pactes ou se déclarent la guerre. Elles sont prêtes à faire des concessions, parfois même à se fondre dans un tout plus grand, mais jamais à voir nier leur personnalité propre. Le marasme constitutionnel n'est pas universel. Les peuples de Belgique fournissent l'exemple d'un dialogue qui a été permanent depuis vingt-cinq ans et qui a mené à un nouveau pacte. Les vieilles royautés savaient parfois mieux ce qu'ont oublié les démocraties les plus irréprochables. « Les intérêts suffisent-ils à faire une nation ? Je ne crois pas, écrivait Renan. La communauté des intérêts fait les traités de commerce, un Zollverein n'est pas une patrie[2]. »

N'est-ce pas cette ignorance qui explique en partie le drame du Canada, où la jeune nation canadienne, fondée essentiellement sur une charte des droits et un chemin de fer, a choisi depuis une vingtaine d'années de se définir en niant toute autre identité nationale en son sein — mais en laissant par ailleurs perdurer des gouvernements ethniques autochtones semblables à celui des Navajos du Nouveau-Mexique ?

Chaque fois que j'ai parlé du Québec à l'étranger, mes interlocuteurs ouvraient de grands yeux d'admiration

---

2. Ernest Renan, *Qu'est-ce qu'une nation ?*, Paris, Presses Pocket, p. 52.

devant la décentralisation du système fédéral canadien, le dynamisme culturel et économique québécois, la qualité du débat démocratique. Bref, ils ne comprenaient pas le malaise québécois. Ils ne s'expliquaient pas que, contrairement à la plupart des pays que j'ai visités, un mouvement indépendantiste y soit à deux doigts de triompher — les Canadiens en ont-ils conscience? Mais chaque fois qu'ils découvraient la rhétorique canadienne sur la « société distincte », qu'ils entendaient ce qu'on dit à Ottawa sur le « non-être » de la nation et de la culture québécoises, ils tombaient des nues devant l'incompréhension de phénomènes qui apparaissent comme élémentaires à la plupart des Européens.

Avant d'amorcer mon périple, j'avais eu la chance de sillonner le Canada, de Nanaimo, en Colombie-Britannique, à Corner Brook, à Terre-Neuve, afin d'interviewer des Canadiens ordinaires pour comprendre ce qui avait motivé le rejet massif de l'accord du lac Meech, en 1990. J'avais alors découvert cette difficulté proprement canadienne à comprendre ce que représentent l'histoire, la langue, l'imaginaire et la culture dans la formation nationale. Incapacité qui se double d'un désir absolutiste de nier ces réalités et de les moudre dans un grand tout uniforme, fût-il qualifié de « multiethnique » pour faire plaisir à la galerie. « La langue fait-elle partie de la culture ? » m'avait demandé naïvement un collègue torontois. Nulle part je n'ai depuis rencontré une telle incompréhension du phénomène national doublée d'un si parfait esprit démocratique. N'est-ce pas là l'illustration parfaite de ce « despotisme démocratique[3] » dont parlait Tocqueville, sorte de

---

3. Alexis de Tocqueville, *De la démocratie en Amérique*, Paris, Gallimard, coll. « Folio histoire », 1986, t. II, p. 436.

bulldozer qui rase les inégalités et qui, au nom de l'égalité, éradique aussi toutes les différences ? Quand il ne les réduit pas à ces comptoirs de mets exotiques que l'on trouve dans toutes les grandes surfaces nord-américaines ou à cette *world music* grand public et aseptisée dont on a soigneusement limé tout ce qui pouvait écorcher l'oreille de la ménagère de moins de cinquante ans. Faut-il répéter que le métissage véritable suppose des peuples en pleine possession de leur culture, capables d'imposer un rapport de force, et qu'il n'a rien à voir avec ces succédanés à l'usage du touriste inculte qui observe le monde bien au chaud à travers le pare-brise de sa voiture climatisée ? Mais, de cela, d'autres parleront mieux que moi.

Qu'il suffise de dire que la mondialisation et le libre-échange semblent en voie de modifier radicalement le rôle et la place de ces petites nations. Qui oserait juger, au début du troisième millénaire, des revendications écologistes comme si nous étions toujours au début de l'industrialisation ? Le parallèle n'est pas fortuit. Il se pourrait en effet que l'écologie nous en apprenne autant sur la flore que sur les cultures, humaines celles-là. Protéger sa terre, son champ et son carré d'herbe contre la construction d'un chemin de fer n'avait pas de sens au début du XIXe siècle. Cela en a parfois (pas toujours) à l'ère de ce que le magnifique paysagiste qu'est Gilles Clément appelle si joliment « le jardin planétaire[4] ». « Aujourd'hui, me confiait-il, il est devenu évident que l'homme n'est pas seulement le gardien de la planète, il en est le jardinier. Il est garant du vivant, mais il n'est pas le gardien d'un musée. Le vivant se transforme et le jardinier invente en même temps puisqu'il fait partie du vivant. Le jardin autorise le rêve et l'utopie,

---

4. Gilles Clément, *Le Jardin planétaire*, Paris, Albin Michel, 1999.

par conséquent la transformation, l'invention. Ce qui est un grand privilège. » Il en va de même pour les petites nations, qui sont peut-être capables de nous aider à trouver un mode de développement respectueux des cultures et des identités. Encore faut-il commencer par les reconnaître.

Né français, de religion juive et en Algérie, Jean Daniel n'a jamais été un passionné d'identité. Il considère pourtant qu'il en va de celle des nations comme de celle des individus. « J'irais même plus loin, me disait-il. Je dirais que c'est seulement par la reconnaissance solennelle de l'identité du groupe national que l'on peut espérer que ce groupe dépassera la nation. Sans cela, il sera toujours en état de revendication nationale. Si l'on veut qu'il dépasse cette revendication, il faut d'abord la lui reconnaître formellement. Cela est vrai de tous les peuples et de tous les pays. C'est mon expérience. Sinon, on se condamne à voir renaître un nationalisme émeutier et chauvin. »

Dans le renouveau des petites nations, le caractère démocratique de certains de ces mouvements, leur goût pour le métissage véritable et l'ouverture, il y a peut-être pour la première fois la possibilité d'envisager la nation sans le nationalisme.

Avignon, le 19 juillet 1999

Bibliographie sommaire

Catalogne

Garcia, Marie-Carmen, *L'Identité catalane*, Paris, L'Harmattan, 1998.

Collectif. *España/Calalunya, un diálogo con futuro*, Barcelone, Planeta, 1998.

Écosse

A Claim of Right for Scotland, Édimbourg, Polygon, 1989.

Collectif. *The Scottish Electorate*, Londres et New York, MacMillan Press, 1999.

Leruez, Jacques, *Une nation sans État*, Lille, Presses universitaires de Lille, 1983.

Marr, Andrew, *The Battle for Scotland*, Londres, Penguin Books, 1992.

McCrone, David, *Understanding Scotland*, Londres et New York, The International Library of Sociology, 1992.

Paterson, Lindsay, *A Diverse Assembly, The Debate on a Scottish Parliament*, Édimbourg, Edinburgh University Press, 1998.

Slovénie

Voice from Slovenia, Nationalities Papers, New York, printemps 1993.

Pays basque

Loyer, Barbara, *Géopolitique du Pays basque,* Paris, L'Harmattan, 1997.

Belgique

Guérivière, Jean de la, *Belgique : la revanche des langues,* Paris, Seuil, 1994.

Divers

Bogdan, Henry, *Histoires des pays de l'Est,* Paris, Perrin, 1991.
Héraud, Guy, *L'Europe des ethnies,* Bruxelles, Bruylant, 1993.
Ignatieff, Michael, *Blood & Belonging,* Toronto, Penguin Books, 1993.
Kundera, Milan, « Un Occident kidnappé, la tragédie de l'Europe centrale », *Le Débat,* n° 27, 1983, p. 10.
Small Nations and Ethnics Minorities in an Emerging Europe, Munich, Slavica Verlag Anton Kovac, 1993.

Remerciements

On ne sillonne pas l'Europe pendant six ans sans contracter quelques dettes, au propre comme au figuré. Mon principal « créancier » est le quotidien *Le Devoir*, où l'on a toujours accueilli avec intérêt mes projets les plus fous. Merci d'abord à Lise Bissonnette et à Bernard Descôteaux, qui ont cru, malgré le défaitisme ambiant, qu'un grand quotidien comme le leur ne pouvait se passer d'une fenêtre européenne. Merci à l'équipe du magazine *L'actualité* qui a accueilli dans ses pages quelques-uns de ces reportages, et surtout à Jean Paré, dont la critique tranchante a toujours été une raison de continuer. Merci à la fondation Michener, qui m'a donné le coup de pouce nécessaire en m'attribuant l'une de ses bourses. Merci aussi à Jean Daniel, à Bernardo Atxaga et à Claude Lévi-Strauss, car les longs entretiens qu'ils m'ont accordés m'ont ouvert des horizons nouveaux. Merci enfin à toutes les personnes qui ont bien voulu me recevoir et parfois m'endurer au cours de ces années. Pardon à ma mère, à Yan et à Maude pour tout ce temps passé loin d'eux.

Table des matières

Introduction	11
Catalogne • L'obsession de la langue	23
Écosse • Le nationalisme tranquille	45
Slovénie • Le pays oublié	67
Pays basque • Comment peut-on être basque ?	93
Irlande • Le ras-le-bol des catholiques	117
Slovaquie • Autopsie d'une séparation	137
Belgique • Le nouveau pacte belge	153
Les Navajos • *This is Indian Land*	165
Conclusion • Le dur désir d'être aimé	177
Bibliographie sommaire	185
Remerciements	187

MISE EN PAGES ET TYPOGRAPHIE :
LES ÉDITIONS DU BORÉAL

CE DEUXIÈME TIRAGE A ÉTÉ ACHEVÉ D'IMPRIMER EN MARS 2007
SUR LES PRESSES DE SCRIBEC
À MONTRÉAL (QUÉBEC).